中学英語いつ卒業？

中学生の主語把握プロセス

金谷 憲
KANATANI KEN

小林美音
KOBAYASHI MINE

告 かおり
TSUGE KAORI

贄田 悠
NIEDA YU

羽山 恵
HAYAMA MEGUMI

［著］

三省堂

まえがき

　本書は，中学生の英語学習の実態を縦断的に追いかけた結果の報告である。三つの公立中学でそれぞれ3年間，同じ生徒が入学してから卒業するまでの学習の軌跡を追ったものである。

　われわれが生徒たちの学習実態調査に着手した理由は，「教える」ためには「学び」を理解しなければならないと考えたからである。生徒がどのように学ぶのかがわからなければ，効果的にその「学び」をサポートすることができない。

　教育全般についても言えることだが，特にこのことは英語教育に当てはまる。英語学習には他教科と同じような「教わって知る」（learning）という側面の他に「使いながら徐々に身につけていく」という習得（acquisition）の側面があるからである。

　われわれが注目したのは，中学生の名詞句把握が，3年間の学習とともにどのように変化していくかということである。この点を追いかけた理由は，英語の基本的な構造を理解し，そして，使えるようになるためには，名詞句の習得が不可欠であると考えたからである。名詞句はレンガ造りの家で言えば，積み上げるレンガそのもののような存在である。こうして得たデータを整理してここに報告する。

　生徒たちの英語学習（習得）をよりよく手助けするために，名詞句把握という一つの側面を例として報告することによって，学習をサポートする教育の大切さを訴えたいと思う。

2015年7月
金谷　憲

目　　次

まえがき ……………………………………………………………………… 3
本書へのガイド ……………………………………………………………… 7
　　本書の背景　7
　　本書に出てくる用語　10
　　本書で強調したいこと　16

Part Ⅰ　中学生の主語把握プロセスを追う

第1章　定着が見られていない ………………………………………… 20
　　1.1.　「どう教えるか」の前に　20
　　1.2.　長期的視点　20
　　1.3.　「導入」ばかりで「定着」まで見られていない？　〜導入中心のシラバス〜　21
　　1.4.　定着とは　21
　　1.5.　基礎基本とは何か　22
　　1.6.　「定着」の過程を追うテストの提案　22
　　1.7.　なぜ名詞句か　23
　　1.8.　後から修飾？　〜かたまり把握を阻むモノ〜　24
　　1.9.　定着テストの作成　24
　　1.10.　テスト作成の困難点　27

第2章　定着を見るテストを創る　〜第1次調査〜 …………………… 28
　　2.1.　新プロジェクト始動　28
　　2.2.　どのように調べたか（第1次調査）　29
　　2.3.　何がわかったか（第1次調査）　33
　　2.4.　第1次調査の反省点　42

第3章　見えてきた実態をさらに追う　〜第2次調査〜 ……………… 44
　　3.1.　第1次調査からの変更点　44
　　3.2.　どのように調べたか（第2次調査）　46
　　　　3.2.1.　学校・生徒について　46
　　　　3.2.2.　テストと実施について　47
　　3.3.　新たにわかったこと（第2次調査）　50

3.4. 第2次調査の反省点　70
　　3.4.1. 問題形式について　70
　　3.4.2. 名詞句の語数について　70
　　3.4.3. 低選択率の錯乱肢について　71
　　3.4.4. 結果を解釈するための情報不足について　71

Part Ⅱ　Billy's Test

第4章　Billy's Test の開発　～第3次調査～ ……………… 74
4.1. 第2次調査からの変更点　74
4.2. 困難点を特定するために　74
　　4.2.1. 名詞句の語数　75
　　4.2.2. 名詞句の構造　76
　　4.2.3. センテンスの補部構造　77
4.3. Billy's Test の問題構成　78
　　4.3.1. is 挿入問題　78
　　4.3.2. 和訳問題　78
　　4.3.3. 同一問題　79
4.4. テスト　～Billy's Test のサンプル～　80

第5章　Billy's Test を実施する ……………… 85
5.1. 学校・生徒について　85
5.2. 全8回のテスト実施時期　86
5.3. テストの実施方法　87
　　5.3.1. テストの構成　87
　　5.3.2. テストの実施　87
5.4. 採点方法　88
5.5. 指導とフィードバック　89
　　5.5.1. 指導について　89
　　5.5.2. フィードバックについて　89

第6章　Billy's Test でわかったこと ……………… 90
6.1. 中学生の名詞句習得の状況　90
6.2. 同一問題を3年間解いたとき　104
6.3. 習得困難の原因とは　107

6.4.　5種類の集団　114
　　6.5.　名詞句習得のプロセスについての仮説　128

Part Ⅲ　教育への提言

第7章　英語導入から定着まで　138
　　7.1.　「句の把握」、どう助ける　138
　　　　7.1.1.　コミュニケーションの時代だからこそ文法　138
　　　　7.1.2.　教えられるか　139
　　　　7.1.3.　まず、知ること　139
　　　　7.1.4.　高校での受け取り　140
　　　　7.1.5.　マクロな構造、長期的視点　140
　　　　7.1.6.　与える「教育」から学習のサポートへ　141
　　7.2.　カリキュラムはどうあるべきか　142
　　　　7.2.1.　長期的視野で考える　142
　　　　7.2.2.　学習指導要領の作り方　143
　　　　7.2.3.　行動中心の評価法との接点？　144
　　7.3.　反省点と今後の展望　144
　　　　7.3.1.　一般動詞を使ったら　144
　　　　7.3.2.　関係詞などを含めたら　145
　　　　7.3.3.　そして高校へ　145
　　　　7.3.4.　一般化できるか　146

あとがき　148

　　引用文献　149　／　巻末資料　152　／　筆者略歴・執筆分担一覧　174

　コラム

チームだから続けられた！	p.48	快適なビリビリを求めて…	p.84
後置修飾ダブルパンチ！	p.59	ただ今 Billy's Test 実施中	p.88
印象に残る生徒たち	p.64	Think-aloud からわかること	p.103
「返してくれ」とは言わない？	p.72	主語の語数で教科書を見てみると	p.113
テスト問題を作るときに	p.79	ありんこの行列	p.135
飽きさせない工夫①	p.82	名詞句に10年…	p.135
飽きさせない工夫②	p.82		

本書へのガイド

本書の背景

　本書は,「学習状況」,「長期的視点」,「定着」,「基礎基本」,「語順」を指針とした複数の研究成果をまとめたものである。研究は20年以上に渡り,断続的に行われてきた。発端は1991年に遡る。ずいぶんと昔のこと,当時の話が果たして現在に通じるのかと思われるかも知れないが,その間数多くの議論と研究手法の改訂を重ね,コツコツと地道にデータを採り続けてきた。

　国内外の最新の研究トレンドを取り入れているわけではない。英語教育でホットな話題を取り上げているわけではない。派手さはないが（実際とても地味なのだが）,とにかくデータを採り続けることが重要なのだという信念に基づいて行ってきた。

　20年以上前から続いている一連の研究には,冒頭で挙げた以外に核となるキーワードがある。それらは以下の三つである。

中学生　　　名詞句　　　実態把握

　つまり,「中学生が英語の名詞句をいつ頃,どの程度習得しているのか,その実態を把握すべく調査する」というのが,われわれがやってきたことである。そして実際の研究活動は,いろいろと試行錯誤を繰り返しているうちに,このような長期間に渡ってしまった。それをこの一冊の本で簡潔にまとめることは大変困難だった。

　読者を混乱させないよう,この章を導入および本書のガイドとしたい。まずは,一連の研究に関わる活動をp.9の年表にまとめた。

年表の通り,「長期的評価システム提案のための研究プロジェクト」に始まり，その後実際にデータを収集する「第1次調査」,「第2次調査」,「第3次調査」が行われた。初めの「長期的評価システムプロジェクト」は，本書を執筆しているメンバーとは人員が異なり，その成果はすでに『定着重視の英語テスト法—長期的視野に立った中学校英語評価』(河源社) にまとめられている。本来は別プロジェクトだが，その後の調査の礎となっているため，ここに紹介させていただいた（詳細については次の「第1章」に書かれている）。本書の執筆陣は，その後の三つの調査を行ってきたメンバーで，調査を経るごとにメンバーが加わり，この構成員となったのである。

　また，年表内の学会発表および論文の情報については，巻末の文献リストを参照されたい。予めお断りしておきたいのだが，本書はこれらの発表物の中で紹介したものを再掲したり，まとめたりしたものではない。本書でこれから示す図表は，全て本書のために作成したものである。もちろんデータは同じものなので結果に変わりはないのだが，本書では「結局何がわかったのか」がよりわかりやすく伝わるように努めたつもりである。したがって，ご興味・機会があれば，ぜひこれらの学会発表資料，論文もご覧いただきたい。

本書へのガイド

研究活動		研究成果報告
▸「長期的評価システムプロジェクト」発足	1991	
▸ 研究会をいったん終了	1993	
『テスト法』プロジェクト	1994	▸『定着重視の英語テスト法』刊行
▸『テスト法』で提案されたテストを実施する準備開始	2002	
▸ データ収集開始	2003	
第1次調査	2004	
▸ データ収集終了　（2002〜2005）	2005	▸ 学会発表1（第1次調査の結果）
▸ 第1回調査の反省・議論	2006	▸ 論文1（第1次調査の結果）
▸ データ収集開始		▸ 学会発表2（第1次調査の誤り分析）
	2007	
第2次調査	2008	
▸ データ収集終了　（2006〜2009）	2009	▸ 学会発表3（第2次調査の結果）
▸ 第2回調査の反省・議論	2010	▸ 論文2（第2次調査の結果）
▸ 中1〜3への横断的調査の実施		▸ 学会発表4（横断的調査の結果）
▸ データ収集開始		
	2011	▸ 学会発表5（Billy's Testの紹介）
第3次調査	2012	▸ 学会発表6（第3次調査の途中経過）
▸ データ収集終了　（2010〜2013）	2013	▸ 学会発表7（第3次調査の結果）
	2014	
▸ 本書執筆にあたっての議論	2015	▸ 本書の刊行

図　本書に至るまでの研究の流れ

本書に出てくる用語

　本研究を進めていく過程で，当然ながらわれわれは多くのことを考え，試み，その都度変更や修正を加えていった。そのため，数多くの事柄，ことばが飛び交い，当のわれわれも時に混乱し，何のことを指しているのかお互いに誤解しているようなこともあった。

　本書を執筆するにあたっても，草稿の段階では研究実施過程で使用していたことばを用いていたのだが，それではとうてい読者に正確に理解していただくことは無理だとわかり，ここに基本的な用語を整理して掲示することにした。本書を読み進めていただく中で，用語をご確認される際には，こちらをご参照いただきたい。

研究プロジェクト・調査

『テスト法』
　　　　1991年から始まった，長期的視野に立って日本人（特に中学生）の英文法習得を評価しようという提案をした研究プロジェクト。1994年に提案をまとめた『定着重視の英語テスト法―長期的視野に立った中学校英語評価』（河源社）が刊行されている。そこに収録されているテストを実施することが，本書で紹介する研究プロジェクトを始めるきっかけとなった。その意味で，『テスト法』は本書の礎といえる。

第1次調査
　　　　本書執筆陣が研究チームとして行った最初の調査を指す。『テスト法』に収録されているテストをほとんどそのままの形式で実施した。公立学校の中学生156名に対し，彼らが中1の時から中3の卒業間近まで，計8回のテストを実施した縦断的調査である。2003年1月から2005年1月まで，データ収集を実施した。

第2次調査
　　　　第1次調査の結果を踏まえ，より名詞句の習得状況が見えやすいようにテストを改善して行った，われわれにとっての2回目の調査。第1次調査とは異なる公立学校の中学生167名に対し，中1の時から中3の卒業間近まで，計8回のテストを実施した縦断的調査である。2006年11月から2009年3月までが，データを収集した期間。

第3次調査
　　第2次調査の結果を踏まえ，より名詞句の習得状況が見えやすいように，さらにテストを改善して行った3回目の調査。この調査のために開発したテストを，Billy's Test と呼んでいる。第1次調査，第2次調査とは異なる公立学校の中学生50名に対し，中1の時から中3の卒業間近まで，計8回のテストを実施した縦断的調査である。2010年11月から2013年3月まで，データの収集を行った。

対象となった英文法
名詞句
　　われわれは一貫して，「中学生が英語名詞句を把握できているか」ということを調べた。ここで扱った名詞句は，冠詞（a や the），指示形容詞（this や those など），疑問形容詞（which や what），前置修飾に用いられる形容詞（red や beautiful など），主要部名詞（head noun; HN），後置修飾に用いられる前置詞句（on the table や from Africa など）と to 不定詞句（to play tennis など）のように，非常に基本的なものから構成される。より名詞句を複雑にする分詞節や関係詞節を含むものは対象外とした。

名詞句（構造）タイプ
　　名詞句がどのような構造になっているのかを指している。本研究で扱ったものは，たとえば「限定詞＋形容詞＋主要部名詞（HN）」という構造タイプの名詞句（たとえば our new friend）や，「指示形容詞＋形容詞＋主要部名詞（HN）」という構造タイプの名詞句（たとえば this yellow car），「限定詞＋主要部名詞（HN）＋前置詞句」という構造タイプの名詞句（the food of their country）などだった。どの名詞句タイプを取り上げたかは，3回行った調査でそれぞれ異なる。本書のメインとなる第3次調査では，「This タイプ」，「Which タイプ」，「PP タイプ」，「to タイプ」の四つを扱った。一連の調査を通してわれわれは，名詞句のタイプによって，それを適切に把握できるかどうかの難易度が違ってくると考えた。

前置修飾タイプ
　　指示形容詞，疑問形容詞，形容詞によって主要部名詞を前から修飾して

いる名詞句を指す。たとえば，this question, which singer, red pen などの名詞句が該当する。

後置修飾タイプ
ここでは，前置詞句と to 不定詞句によって主要部名詞を後ろから修飾している名詞句を指す。たとえば，a DVD about Kyoto, a notebook to practice kanji などの名詞句が該当する。

補部構造
われわれは，特に第3次調査において，センテンスの主語にあたる名詞句のかたまり（主語名詞句）を特定することを求めた場合，そのセンテンスの補部構造が何かによって結果が変わってくると考えた。具体的には，補部構造が名詞句または形容詞句である場合（be 動詞が連結【copula】を表す場合）と，前置詞句である場合（be 動詞が【存在】を表す場合）を区別している。たとえば前者は Which Chinese song is your favorite?，後者は Which pink shirt is in the box? である。

テストと問題

第1回テスト～第8回テスト
データ収集のために，第1～3次の各調査期間において実施したテスト。それぞれ，合計で8回行った。実施が予定よりもずれ込んだ第1次調査以外，第1回テストは中学1年生の2学期に実施した。以下，第2回テストは中1の3学期，第3回テストは中2の1学期に実施と続く。最終回の第8回テストは，中学卒業間近の中3の3学期に実施した。

Billy's Test
第3次調査のために開発したテスト。それまでに行った第1次調査，第2次調査を踏まえ，取り上げる項目を精査し，問題の統制を緻密に行った。そのため，本研究が目的としていることを達成する手段としては，ある程度洗練されたものになっていると考えている。特徴としては，is を挿入させることで，センテンスの主語にあたる名詞句のかたまりを見抜けるかを問う問題に特化し，扱う名詞句は，名詞句（構造）タイプ，補部構造，そして語数によって統制されていることが挙げられる。is 挿入問題を行った後に，その文を和訳することも求めている。

内部構造問題

第1次調査と第2次調査で用いたテストにあった問題形式。名詞句の日本語が与えられ，それに対応する英語として適切なものを，四つの選択肢の中から選ばせる問題。これによって，名詞句内部の修飾関係がわかっているかを問うている。

例：　　机の上のえんぴつ
　　　　　ア．a pencil the desk on
　　　　　イ．the desk on a pencil
　　　　　ウ．on the desk a pencil
　　　　　エ．a pencil on the desk

まとまり問題

第1次調査，第2次調査，第3次調査の全てで用いたテストにあった問題形式。主に用いた問題形式は，本動詞が抜けた英文と選択肢が示され，どこに本動詞を入れれば適切な語順の英語センテンスができるのかを問う。これによって，名詞句の「まとまり」を適切に把握できているかを調べている。第3次調査では，本動詞として与えられたのは is のみだったため，「is 挿入問題」とも呼んだ。

例：　　This　・　beautiful　・　picture　・　very　・　nice.　　(is)
　　　　　　　　ア　　　　　イ　　　　　ウ　　　　　エ

内部構造＋まとまり問題

第2次調査のみで採用された問題形式。主要部名詞（head noun; HN）が抜けた英文と選択肢が示され，そのどこに HN を入れれば良いのかを問う。これによって，文中の名詞句のかたまりを特定することに加え，修飾部分と被修飾語である当該 HN の位置関係も適切に理解しているかを問うている。

和訳問題

第3次調査のテスト（Billy's Test）に含まれていた問題形式。本動詞である is を挿入した後，完成された英文を日本語に訳すことを求めた。その際，語彙知識が影響を与えないように，主な単語には注釈が与えられた。この和訳によって，is を挿入した際にその文の意味をどのように捉えていたかを知ることができると考えた。

共通タイプ問題

第3次調査のテスト（Billy's Test）において，名詞句を構成する三つの変数（語数，名詞句タイプ，補部構造）が同じ問題のことを共通タイプ問題と呼んだ。

例：　This ・ red ・ pen ・ on the desk. (is)
　　　This ・ new ・ computer ・ for our school. (is)

（名詞句は This で始まり，3 語から成り，補部は前置詞句）

同一問題

第3次調査のテスト（Billy's Test）においては，第1回テスト（中1の2学期に実施），第5回テスト（中2の3学期に実施），第8回テスト（中3の3学期に実施）において，使っている単語も全く同一の問題を含めて，出題した。それによって，生徒たちの名詞句理解が経年的にどのように変化しているのかを，より正確に知ることができると考えた。

結果の求め方

句の把握

本書で「句の把握」という場合，それは「内部構造を理解している」ということと，「センテンス中で名詞句のまとまりを特定できる」ということの両方を指している。

正解率

正解率は，その問題に正解した生徒の人数が全体の何％にあたるかということを示しているので，たとえば本書で「正解率は50％」と述べたとすると，それは半数の生徒たちはできていたが，別の半数の生徒たちはできていなかったことを意味する。

真の正解率

第3次調査のテスト（Billy's Test）では，is 挿入問題に加えて和訳問題を課した。is 挿入問題は選択式なので，偶然正解を得てしまうこともあるだろうし，和訳問題に関しても，単語の意味さえわかれば，何となくそれらしい日本語を作れてしまうこともあるだろう。そこで，両方が正解して初めて，その名詞句を把握していると見なせると考えた。そこで，これら二つの問題形式の両方を正解している割合を「真の正解率」と呼ぶことにした。

結果に基づく生徒たちのグループ化

安定上位グループ
第2次調査と第3次調査において，初回テストから最終回まで安定して高得点を取っていた生徒たちを指している。つまり，「名詞句が把握できている」と見なされる。

追い上げグループ
第2次調査と第3次調査において，前半に行われたテストではそれほど高得点ではなかったが，回を経るごとに上昇が見られ，最終的には高い正解率を得た生徒たちを指している。徐々に「名詞句が把握できてきた」と見なされる。

低空飛行グループ
第3次調査において，初回テストから最終回まで一貫して低い正解率を取っていた生徒たちを指している。つまり，中学3年間をかけても「名詞句は把握できなかった」と見なされる。

UpDown グループ
第3次調査において，正解率が高いテスト回と低いテスト回が混在しており，その傾向が定まらない生徒たちを指している。最終的に高い正解率を得ていないので，中学3年間をかけても「名詞句は把握できなかった」と見なされる。

足踏みグループ
第3次調査において，前半に行われたテストでの低い正解率から少しずつ上昇が見られたが，最終回あたりでは中程度の正解率で止まってしまった生徒たちを指している。中学3年間をかけても「名詞句は把握できなかった」と見なされるが，今後何かしらの手当（指導や練習など）によって，習得が促進される可能性を秘めていると思われる。

名詞句の習得プロセス

ThisIs 期
テストでの生徒たちの誤答を基に，彼らが名詞句をどのように把握しているのかを探った。まず初期段階に多く見られた誤りが，*This is blue shirt very long. のように，本当は指示形容詞である名詞句冒頭の This の直後に is を挿入するものである。センテンス全体の構造を見ずに，

馴染みのある This is の組み合わせを優先してしまうこの状態を，ThisIs 期と名付けた。

HN 直後期

ThisIs 期の次にやってくると思われる，生徒たちの名詞句把握の状態。生徒たちは，徐々に主語となる名詞（主要部名詞，HN）を探すようになっている。彼らはセンテンスの冒頭から順々に単語を見ていき，そして主語らしい名詞を見つけるとそこまでが主部にあたると判断し，その直後に本動詞（is）を挿入する。その場合，仮にその後に前置詞句などによる後置修飾が続いていても，それに気づかない。*The big stadium is in our city nice. といった文を作ってしまう。このような状態を，HN 直後期と名付けた。

上がり状態

生徒たちが，主部にあたる名詞句はある程度長い（多くの単語から構成される）こともあるのだということを知り，This is としない，主要部名詞が出てきても念のため後ろを見てみるということができるようになり，そして適切な場所に本動詞（is）を入れられるようになった状態。ゴールに達した，習得できた，すごろくで言うところの「上がり」の状態を指している。

本書で強調したいこと

わかったこと

上述のように，本研究は長い時間をかけて多くのデータを収集してきた。そのため，われわれ自身も，分析方法や得られた結果について整理をつけられず，混乱することがあった。本書は，それを可能な限りすっきりと整理して，重要だと思うところのみを強調し，伝えようと努めたものである。

データ分析の結果わかったことは，複数ある場合は特に，各調査結果を報告する章（2章，3章，6章）にリストを入れている。次の例の場合，第1次調査でわかったことが全部で四つあることを示している。

わかったこと

> 調査1-1. 比較的単純な構造の名詞句であっても、中学3年間を通してきちんと習得できるわけではない。
>
> 調査1-2. ……
>
> 調査1-3. ……
>
> 調査1-4. ……

そして、それら「わかったこと」の詳細を記すページが続く。そこには当該の「わかったこと」の根拠となるデータ、それをどのように読み取ったかの解釈が記されている。主にわかったこと以外に、言及しておきたい発見があった場合は、それに続く「ついでに」に書かれている。

> また、本調査を実施して、われわれが感じたこと、考えたことなどを、コラムとして本書内、適当な箇所に掲載している。これらのコラムは、あるものは研究を行ったリサーチャー目線で、あるものは生徒たちの英語名詞句の把握状態を踏まえた教師目線で書かれている。ぜひ併せてお読みいただきたい。

巻末資料

巻末資料には、第3次調査で用いた Billy's Test の全8回分を全て掲載している。本書を読まれ、このような調査にご興味を持たれたら、ぜひ Billy's Test を実施していただきたい。本書でこれから述べるように、非常に局所的だと思われる「英語名詞句の把握」から、生徒の英語習得の実態が浮かび上がることを期待している。

Part Ⅰ
中学生の主語把握プロセスを追う

第1章
定着が見られていない

1.1.「どう教えるか」の前に

　良い教え方が知りたい。教師なら当然このことを考える。何かと「教育効果」に批判の多い英語教育では特に，このことが教師の関心の中心になる。しかし，「どう教えるか」の前に，どのように生徒が学んでいるか，どのように英語を習得しているか，を解明することが先である。それがある程度わからなければ，どう教えるとより良いのかわからない。

　これまで，教師の勘と経験でやってきている。それはそれで構わないのだが，それだけではなく，従来の「教育は生徒に知識やスキルを伝授する」という（サプライサイドの）教育論から，「学習を踏まえての教育論」に移行する時期にきている。

　学習者中心とは若干異なる。学習中心の教育構想のために学習状況の実態を把握する必要が生じてきている。

1.2. 長期的視点

　生徒がどのような過程を経て英語を理解し，英語を使うことができるようになるのかは，短期的な観察では知ることができない。外国語の習得は長くかかるものだからである。挨拶や旅行の決まり文句を覚える程度のことなら別だが，導入した日が習得，定着する日にはならない。導入と定着には「時差」が存在する。これは，学校のどの教科にもあてはまることだろう。しかし，外国語については特に導入と定着の「時差」が大きいと言える。それは，「使いな

がら徐々に身につけていく習得」という側面が色濃い教科だからである。

1.3.「導入」ばかりで「定着」まで見られていない？
〜導入中心のシラバス〜

　学校で作る年間指導計画なども，導入中心で定着の記述がないことが多い。いつ何課を教えるかというような導入の計画表になってしまっている。

　中間テスト，期末テストなどの校内の定期考査も，学期中に新しく導入した事項を中心に出題され，導入された事柄の理解度などを試すことが普通になっている。

　学校内のシラバスに留まらず，学習指導要領もどんなことをどんなふうに「教える」かは記述されているが，いつ何を生徒にどのくらい習得（定着）させるかについての要領ではない，と考えられてきたのではないだろうか。

1.4. 定着とは

　「導入と定着」などと簡単に言ってしまったが，定着を定義するのは大変に難しい。第2言語習得の研究が盛んになってきて，定着（acquisition）という概念についても議論が活発に行われているが，未だに統一的な見解に収斂してはいない。

　しかし，常識的に考えて，外国語が定着している状況というのは，母語を介さずに，またあまり意識せずに基本的なルールを使って，高速で文を作ることができる状態，と言っても大きな間違いにはならないと思う。

　基本的なルールの運用というところが大切なポイントであって，凝った表現がスムーズにできるところまでは「習得」という概念には含まれないのではないだろうか。ネイティブ・スピーカーなら誰でも間違いなくできる範囲を考えれば良いと思う。

　たとえば，日本語のネイティブ・スピーカーならば，よほど慌てたり，疲れていたりしなければ「てにをは」の使い方に迷うことはまずないだろう。しかし，日本人だからと言って，敬語が間違いなく使えるとは限らない。社会人に

Part I

なってから，電話の応対について上司に叱られる新入社員は少なくない。この
レベルの「ルール」は「習得」の範囲ではなく，もはや「習熟」の域に属する
ものと考えた方がよさそうである。「習得」は基礎基本について言えることで
ある。

1.5. 基礎基本とは何か

　私たち英語教師は「基礎基本」ということばをよく使う。では，英語の基礎
基本とは何だろうか。その実体となると，これまたコンセンサスがあるような
ないような状態である。
　漠然と使われている英語の「基礎基本」ではあるものの，大体全ての人が同
意するのは，多分，英語の基礎語順ではないだろうか。単語を知っているだけ
でも，ある程度のコミュニケーションはできる。しかし，単語をただランダム
に並べるだけでは，その言語を習得しているとは常識的には言わないだろう。
単語を正しい順序で並べるから，複雑なことが表現できる。したがって，基礎
の中には確実に語順が入る。
　本書でも語順の習得ということが問題意識の中心にある。

1.6.「定着」の過程を追うテストの提案

　1991年4月，金谷は仲間と一緒に，プロジェクトを立ち上げ，中学生にとっ
て英語の基礎基本とは何か，そして，基礎基本がどのくらい身についているか
を調べるテスト方法を研究し，1994年に『定着重視の英語テスト法―長期的視
野に立った中学校英語評価』（河源社）を上梓した（p.26，図1−1）。
　このプロジェクトで，メンバーたち（巻末資料1をご参照いただきたい）が
最初に基礎基本として考えたものは「英語の基礎的語順」だった。語順から見
た場合，言語のタイプとして，英語はSVO言語，日本語はSOV言語に属する
と言われる。英語は主語の次に動詞を置き，その他の要素をその後に置く言語
である。それに対して，日本語は，動詞を文の最後に位置づける言語である。
　どの言語でも，文を作るときの語順は大切である。特に英語のような言語は

語順の中に意味が含まれる。語順を変えると文の意味自体も変わってしまう。そのため語順は特に重要である。日本語でも語順は大切だが，格助詞「てにをは」を付けることによって，ある程度意味関係を示すことができるので，英語における語順よりは自由度が高い。

　文の要素を置く順番が異なる言語の習得は，順序が同じものより難しいということは想像に難くない。TOEFLの国際比較などを見てみても，英語と同じ語族に属する（つまり言語が親戚関係にある）言語を母語としている人たちの順位は高く，そうでない場合は押し並べて低い（たとえば，大谷，1999）。例外があるが，その多くは英語国の旧植民地（インド，シンガポールなど）である。

1.7. なぜ名詞句か

　語順が基礎ではないかというところまでは，1991年のプロジェクトでは，かなり早く一致を見た。しかし，それからの展開がかなり面白い方向に進んでいった。

　この本では語順テストではなく，名詞句の把握という別テーマと思えるようなものになっていることに疑問を覚える読者もいらっしゃるだろう。しかし，語順と名詞句の把握は密接に関係しているのである。

　順番が異なっていることは確かに難しい。しかし，それ以前に順番を変えるべき要素を把握できているかに議論が移ってきたのである。

　順番というのは，たとえばABC，BCA，CABといったものである。ABCなどと言っている分には，順番ははっきりしている。しかし，ここでAとかBとか言っているかたまりが，言語では複数の単語から成り立っていることが普通である。その時，どこからどこまでがAというかたまりで，どこからどこまでがBである，ということがわからなければ，AB，BAといった順序に並べるのだということがわかっていたとしても，並べること自体ができない。

　I love you. といった単純なものであれば，I you love ではないと言って難しいことはない。ABCという要素がそれぞれ一つの単語（I, love, you）から成り立っているからである。しかし，中学校の教科書に出てくるような簡単な英文でも，これほど単純な文はあまりない。一つの要素でも those red roses であるとか，a book on the desk など複数の単語から成り立つかたまりを認識でき

Part I

なければ，それから先，これらの名詞句を使った文（たとえば，Those red roses are beautiful. A book on the desk is very thick.）になるとどの順番に並んでいるのかがわからない。

1.8. 後から修飾？　〜かたまり把握を阻むモノ〜

そこで，研究の興味は，かたまりの把握へと移っていった。特に主語（正確には主部だろうが，以後，主語）となる名詞句の把握へ，とである。英文の理解ということで言えば，主語がわかり，その述語動詞がわかればその文の意味は大体理解できる。

中学生は主語となる名詞句の把握はどのくらいできるのだろうか。この議論を進めていく中で問題になったのは，後置修飾である。those red roses では，those, red という二つの単語が roses の前に置かれて，roses を修飾している。このような修飾（前置修飾）は日本語でも行われるので，中学生にとっても把握はそんなに難しくないと思われる。

それに対して，a book on the desk の on the desk の部分は，a book の後に置かれて，a book を修飾している。日本語ならば「机の上の本」というように，「机の上」は「本」の前に置かれて「本」を修飾するように，前置修飾になっている。この点で英語と日本語は語順が違っている。このような後置修飾の場合，生徒にとってこれがひとかたまりの名詞句であることがどの程度把握できるだろうか。できるようになるとすれば，それはいつ頃だろうか。

そこで，基礎基本の定着を考える上で，まず，主語名詞句の把握ということに研究目的が絞られてきた。また，その際，後置修飾を含む名詞句の把握がどのようになっているかに興味の焦点が定まった。

1.9. 定着テストの作成

こうした観点を踏まえて，名詞句の把握という場合，次の2点がもう一つ大切だろうという議論になった。それは，文の中でどこからどこまでが主語の名詞句であるかを把握できているかということと，その名詞句の内部構造は把握

できているかという二つである。
　この二つを見ることにして，主語名詞句把握テストを考えた。そして，でき上がったものが第3次調査で使うことになったBilly's Testの前の段階でのテストである。このテストは次の四つの大問から成り立っている（p.26，図1-1）。
　大問Ⅰは，名詞句の内部構造の理解を試す問題である。たとえば1問目は，「シンガポールについての本」にあたる英語を三つの選択肢から選ぶものである。正しくhead nounであるa bookが先頭にきて，修飾語句であるabout Singaporeが続くという理解ができているかどうかを見る問題である。
　他の大問三つは，文の中で主語名詞句のかたまりを正しく認識できているかを試す問題である。
　大問Ⅱは，be動詞構文の文から予めbe動詞を抜き出しておき，それを正しい位置に戻すという問題である。主語と述語の境界線を把握させるような問題ということになる。この形式の問題が，今回われわれが報告するBilly's Testの形式になっていく。
　大問Ⅲは主語名詞句を移動させる問題である。疑問文 Is that tall young man Tom? を平叙文（ふつうの文）に直させるわけだが，その際，that tall young manがひとまとまりになっていることがわかっていない生徒は，be動詞を正しい位置に入れる（言い換えれば，主語名詞句ごとbe動詞の左側に移動させる）ことができない。たとえば，*That is tall young man Tom. のような選択肢を選んでしまうことになる。こうした生徒は，that tall young manのかたまりを分断するようにbeを入れてしまっているわけである。
　そして，大問Ⅳは主語名詞句ではなく，補部に名詞句がくる文で名詞句のかたまり把握を見る問題である。（2）を例にとれば，Is this a picture of your family or a picture of Tom's family? となるわけだが，a picture of your family, a picture of Tom's familyが二つの名詞句であるという理解がないと，この二つの間にorを挿入することができない。

Part I

第 1 回 診 断 テ ス ト

1年（　　）組（　　）番・氏名（　　　　　　　）

I. 次の(1)～(4)の日本語の意味を表わす英語を，ア～ウの中から一つ選び，記号で答えなさい。

(1) シンガポールについての本
　ア．about Singapore a book
　イ．a book about Singapore
　ウ．Singapore about a book

(2) 彼の学校の写真
　ア．his school of pictures
　イ．of his school pictures
　ウ．pictures of his school

(3) あの背の高い若者
　ア．that tall young man
　イ．that young man tall
　ウ．that tall man young

(4) たくさんの難しい英語の本
　ア．many English books difficult
　イ．many difficult English books
　ウ．difficult English books many

II. 次の文の適切な場所に（　）内の語を入れて英文を完成しなさい。記号で答えなさい。

(1) This ア book イ about ウ Australia エ　　(is)

(2) This ア a book イ about ウ Canada エ　　(is)

(3) Those ア little イ boys ウ the students エ of this school.　(are)

(4) Two ア young イ men ウ to エ my house today.　(come)

III. 次の(1)～(3)の疑問文をふつうの文にかえたとき，正しいものをア～ウの中から一つ選び，記号で答えなさい。

(1) Is that tall young man Tom?
　ア．That tall young man is Tom.
　イ．That is tall young man Tom.
　ウ．That tall is young man Tom.

(2) Are these American coins very old?
　ア．These are American coins very old.
　イ．These American coins very old are.
　ウ．These American coins are very old.

(3) Can many young people have a car?
　ア．Many can young people have a car.
　イ．Many young people can have a car.
　ウ．Many can have young people a car.

IV. 次の(1),(2)の文に or（「～か，それとも…」）を入れて英文を完成するとき，適切な場所はどこか，記号で答えなさい。

(1) Is Ken a boy ア from イ Osaka ウ from エ Kobe?

(2) Is this a picture ア of your イ family ウ a picture エ of Tom's family?

〈解答欄〉
　I．(1)_____　(2)_____　(3)_____　(4)_____
　II．(1)_____　(2)_____　(3)_____　(4)_____
　III．(1)_____　(2)_____　(3)_____
　IV．(1)_____　(2)_____

図1-1　『定着重視の英語テスト法』で提案されたテスト

1.10. テスト作成の困難点

　名詞句のかたまりの理解度を試すテストの作成は容易ではなかった。動詞を文に入れる，疑問文を平叙文に直すなどの問題を作ったのは，「主語を囲め」であるとか，「名詞句で区切れ」といった文法用語を使って指示をすると，それらの文法用語自体を理解していないために解答できなくなる生徒が出てきてしまうことを恐れたからである。

　また，語彙問題（？）もわれわれを苦しめた。使用する語彙は，テストを実施する時点までで，生徒の使っている教科書に載っているものに限定した。教科書に載っていなくても，教師が教室でプリントを配ったり，口頭で導入したりする語彙もある。しかし，こうした語彙を使用してしまうと他校との比較ができないなどの不都合が生じる。

　また，教科書に載っていなくても，多分生徒は知っているだろうと思われる語彙（たとえば，色の名前 red, green, black など）もあり得る。これについても，聞いたことはあるかもしれないが，ペーパーテストでは，文字と音を結びつけられず解答できないこともあり得るので排除した。

　こうした配慮をすると，中学前半では，使える語彙が極端に少なく，そのために，多少シチュエーションが想像しにくい問題文が含まれることになってしまった。他の工夫を今後考えなければならないだろう。

　こうした問題を8セット作成し，中学の各学年各学期末に実施することを提案したのである。1年3学期制なら，3年間で9学期あるわけだが，8セットとしたのは，中1の1学期ではまだ名詞句把握を問うことは時期尚早であると判断したため，中1の2学期末からの実施を提案した。中1の2学期末の第1回テストから中3の学年末，つまり卒業を間近に控えた3月の第8回テストまで，8回同じ要素（名詞句の把握）を定期的に試すのである。

　モデル提案に際しては，東京書籍 *NEW HORIZON ENGLISH COURSE* に則って作成した。実施にあたっては，協力校の採択教科書に合わせて，語彙の調整を行わなければならない。試験実施の時期までに教科書に出てくる語彙のみを使用して問題作成を行うことになる。

第 2 章
定着を見るテストを創る
~第１次調査~

2.1. 新プロジェクト始動

　『定着重視の英語テスト法―長期的視野に立った中学校英語評価』（以下『テスト法』）が1994年に刊行されてから実に 7 年の年月が経った2001年，新しいプロジェクトが始動された。それは，『テスト法』に収録されている生徒の名詞句の把握の定着具合を測るために提案されたテストを実施し，その実態を調べてみようというものだった。

　協力してくれることになったのは，ある公立中学校に勤務する英語の先生だった。次年度から 1 年生を担当するとのことで，その生徒たちが中学 3 年間を終えるまで，定期的にテストを行い，データ収集に協力してくれることになった。つまり，2002年 4 月に入学してくる生徒たちを，2005年の 3 月まで追いかけることを了解してくれたということだ。

　このような機会はなかなかない。この勇気ある先生のご決断に報い，いただいた貴重な機会を生かすために，『テスト法』を再度熟読し，その主旨，主張，目的を理解し確認すること，そして掲載されているテストを検討することを始めた。

　これが，今後2002~2004年度，2005~2007年度，2008~2010年度まで，足かけ10年に渡って続くデータ収集と，得られたデータの分析とその解釈を行う新しいプロジェクトの始まりだった（「本書へのガイド」，p. 9 の年表を参照されたい）。

2.2. どのように調べたか（第1次調査）

第1次調査は，ある公立中学校の1学年，4クラスの生徒たちに対して実施された。テストは，彼らが中学1年生の3学期時点から[1]，卒業間近の3年生の3学期時点までの間，合計で8回実施された。各テストの実施時期とそれぞれの参加人数は表2-1の通りである。

表2-1　第1次調査のテスト実施時期と受験者数

テスト	実施時期	学年・学期	受験人数
第1回	2003年1月	1年3学期	156名
第2回	2003年4月	2年1学期	156名
第3回	2003年10月	2年2学期	155名
第4回	2004年1月	2年3学期	153名
第5回	2004年4月	3年1学期	154名
第6回	2004年7月	3年1学期	156名
第7回	2004年10月	3年2学期	154名
第8回	2005年1月	3年3学期	156名

各テストには，句の「内部構造」の理解を問う問題と，文中における句の「まとまり」を見つける問題の二つのタイプがあった。実際に用いられたテストを図2-1（p.30）に載せる。

大問Ⅰは「内部構造」問題である。日本語の「あの小さなバッグ」に対して，適切な語順の英語の句を選択肢ア〜ウの中から選ぶ。主要部名詞であるbagを見つけ，それが指示代名詞thisと形容詞smallによって前置修飾される句内部の構造をわかっているかを測っている。

それに対して大問Ⅱ，Ⅲ，Ⅳは，名詞句のかたまりを見つける「まとまり」問題である。センテンス内にある名詞句が，この単語からこの単語までだということをわかって正解が得られることを意図している。

これらの問題形式や構成は，『テスト法』を踏襲した。用いられている単語

---

[1]『テスト法』の提案では1年生の2学期から開始だったが，語彙調整などの準備が長引き，3学期からの実施となった。

Part I

第1回 診断テスト
1年(　)組(　)番・氏名(　　　　　)

I. 次の(1)～(4)の日本語の意味を表わす英語を，ア～ウの中から一つ選び，記号で答えなさい。
(1) あの小さなバッグ
　ア. that small bag
　イ. small that bag
　ウ. that bag small

(2) たくさんのおいしいレストラン
　ア. many restaurants good
　イ. many good restaurants
　ウ. good restaurants many

(3) カナダにある私の家
　ア. in Canada my house
　イ. my house in Canada
　ウ. Canada in my house

(4) たくさんのインドの食べ物
　ア. many foods from India
　イ. from many foods India
　ウ. India from many foods

II. 次の文の適切な場所に(　)内の語を入れて英文を完成しなさい。記号で答えなさい。
(1) This　boy　from　China　.　(is)
　　　ア　　イ　　ウ　　エ
(2) This　a boy　from　China　.　(is)
　　　ア　　イ　　ウ　　エ
(3) These　small　books　English-Japanese　dictionaries.　(are)
　　　ア　　イ　　ウ　　エ
(4) Two　American　teachers　to　our school today.　(come)
　　　ア　　イ　　ウ　　エ

III. 次の(1)～(3)の疑問文をふつうの文にかえたとき，正しいものをア～ウの中から一つ選び，記号で答えなさい。
(1) Is that small dog Pochi?
　ア. That small dog is Pochi.
　イ. That is small dog Pochi.
　ウ. That small is dog Pochi.

(2) Are these American horses very beautiful?
　ア. These are American horses very beautiful.
　イ. These American horses very beautiful are.
　ウ. These American horses are very beautiful.

(3) Does my big brother have long hair?
　ア. My big brother has long hair.
　イ. My big brother long hair has.
　ウ. My has big brother long hair.

IV. 次の(1), (2)の文に and(「と…」)を入れて英文を完成するとき，適切な場所はどこか，記号で答えなさい。
(1) This is my　American　friend　his　high school.
　　　　　　ア　　　　イ　　　ウ　　エ
(2) I eat　a lot of　ice cream　a big　apple every day.
　　　ア　　　イ　　　ウ　　　エ

図2-1　第1回テスト（第1次調査）

については，生徒たちが使っている教科書を参考に，既習のものに変更した。

全8回のテストで扱われた名詞句構造とその例は表2-2の通りである。たとえば「名詞句（前：形容詞）」というのは，形容詞による前置修飾を含む名詞句を指している。「to不定詞句」というのはto不定詞の名詞的用法であり，加えて動名詞句も出題されている。表2-2内の「例」は，実際に用いられたテストからの抜粋である。

表2-2　第1次調査の各テストで対象となった名詞句

テスト回	問題タイプ	名詞句構造	例
第1回	内部構造	名詞句（前：形容詞）	that small bag
		名詞句（後：前置詞句）	my house in Canada
	まとまり	名詞句（前：形容詞）	these small books
第2回	内部構造	名詞句（前：形容詞）	this small green bag
		名詞句（前：疑問詞）	what TV program
	まとまり	名詞句（前：形容詞）	that big dog
		名詞句（前：疑問詞）	whose orange juice
第3回	内部構造	名詞句（前：疑問詞）	whose English book
		名詞句（後：前置詞句）	the book on the desk
	まとまり	名詞句（前：疑問詞）	how many pets
		名詞句（後：前置詞句）	the letter in the box
第4回	内部構造	名詞句（前：形容詞）	a very exciting story
		to不定詞句	to play baseball
	まとまり	名詞句（前：形容詞）	this young man
		to不定詞句	to cook lunch
第5回	内部構造	名詞句（後：前置詞句）	the question to me
		動名詞句	studying English every day
	まとまり	名詞句（後：前置詞句）	some students from Australia
		動名詞句	reading English books
第6回	内部構造	名詞句（前：疑問詞）	how many books
		名詞句（後：to不定詞句）	something to drink

Part I

		名詞句（前：疑問詞）	whose camera
	まとまり	名詞句（後：to 不定詞句）	something to read
第7回	内部構造	名詞句（前：形容詞）	the tallest young man
		動名詞句	eating chocolate after dinner
	まとまり	名詞句（前：形容詞）	these beautiful cards
		動名詞句	making a lot of friends
第8回	内部構造	名詞句（後：前置詞句）	a picture of a popular American singer
		to 不定詞句	to ask Ken to help me
	まとまり	名詞句（後：前置詞句）	that car on the street
		to 不定詞句	to write this letter

　テストは英語の授業時間の一部を利用し，協力者である英語の担当教員によって実施された。かかった時間は15～20分程度だった。生徒たちには，このテストが研究のためであることは告げられていなかった。解答後に教員と一緒に答え合わせをすることはあったが，句構造や文中での句のまとまりについて，特別に教員から解説を受けることなどはなかった。解答用紙はわれわれのところに郵送され，データ入力され，その後分析された。

　英語のテストは数多く存在するだろうが，「句」のように非常に局所的なものに限定したものはおそらくないだろう。果して生徒たちはどの程度正解できているのか，間違うとしたらどんな間違いをするのか，テストが返ってくるたびに，採点をしながらワクワクしたものだった。

　分析は「正解率」を求めることから始めた。正解数を全解答数で割ったものであり，まずはそれを問題ごとに求め，正解率が高い問題（易しい問題）と低い問題（難しい問題）を割り出した。しかし，それだけでは「名詞句の把握」について結果が意味するところがわからないので，以下の三つを主な分析の観点とした。

a）テスト回ごとの比較
b）「内部構造問題」と「まとまり問題」の比較
c）名詞句タイプごとの比較

2.3. 何がわかったか（第1次調査）

わかったこと

> 調査1-1. 比較的単純な構造の名詞句であっても，中学3年間を通してきちんと習得できるわけではない。
>
> 調査1-2. 句の理解は，できたりできなかったりを繰り返し，最終的には当初よりもできていない場合もある。
>
> 調査1-3. 句だけに限って語順が正しいか判断することは，比較的早い段階からできるようになる。一方で，文中から名詞句のまとまりを見つけ出すことは，中学卒業間際になってもあまりできるようにならない。
>
> 調査1-4. 名詞句の種類によって，正解率が大きく異なる。

わかったこと 調査1-1

> 比較的単純な構造の名詞句であっても，中学3年間を通してきちんと習得できるわけではない。

その根拠

テスト問題と分析

第1次調査では，同一の中学生たち（およそ150名）が1年生の時点から卒業間際の中学3年生の時点にかけて，全8回のテストを実施した。実施時期とテストの問題形式については，前項（表2-1，表2-2）をご参照いただきたい。

表2-2に示した通り，問題は主要部名詞（head noun: HN）に前置修飾をする形容詞がついたもの，what や which などの疑問詞がついたもの，後置修飾をする前置詞句や to 不定詞句（形容詞的用法）がついたもの，to 不定詞の名詞的用法や動名詞句のいずれかだった。複数語から成る分詞節や，関係代名

詞節がつくような，長くて複雑な構造の名詞句はいっさい用いられていなかった。
まずは，第1回テストから第8回テストまで，各回のテスト全体の平均正解率を求めた。

結果

得られた結果は，以下の表2-3の通りである。

表2-3　テスト全体の平均正解率（第1次調査）

第1回	第2回	第3回	第4回	第5回	第6回	第7回	第8回
71.5%	71.4%	73.5%	77.6%	63.2%	75.2%	76.3%	66.2%

解釈

第5回（63.2%）と第8回（66.2%）以外は70%を超える平均正解率を得たということになる。これらの数字は正解率として「高い」または「低い」の判断をつけづらいところだが，生徒たちが英語名詞句を「きちんと理解し，習得している」と結論づけるほどには高くないと思われる[2]。

第1回テストには，13の問題があったのだが，そのうち10問以上を正解した人数は，156名のうち45名，全体の30%にも満たないことがわかった。多くの生徒たちにとって，名詞句の把握は容易に習得できるものではないことが明らかになった。

2）伝統的な文法形態素の習得研究では，義務的文脈（obligatory context）において90%以上の正解率が得られたことを「習得した」と定義しており（Brown, 1973; Dulay & Burt, 1974），それに倣った第2言語習得研究は多いとされる（Kwon, 2005）。Abrahamsson（2003）も，74%の正解率では「習得した」とは見なしていない。どのくらいの正解率をそのように定義するかは議論の余地がある難しい問題だが，縦断的研究の場合は「徐々に上がってきている」という点も加えて重要である。いずれにしても，ここで得られた70%台の正解率をもって，「十分に習得した」とすることには抵抗を感じる。

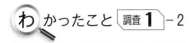かったこと 調査1-2

> 句の理解は，できたりできなかったりを繰り返し，最終的には当初よりもできていない場合もある。

その根拠

テスト問題と分析

引き続き表2-3で示したテスト全体の平均正解率を見てみる。全8回それぞれの正解率をグラフにしてみると，図2-2のようになる。

結果

生徒たちの学年が進んでも，正解率は直線的に向上するわけではなく，第1回から第4回にかけてほんのわずかに上がるだけである。その後，第5回テストで急激に下がり，第6回，第7回で再び上昇するが，それは第1～4回を大きく上回るわけではない。そして，最後の第8回テストでは，なんと再び下降してしまう。

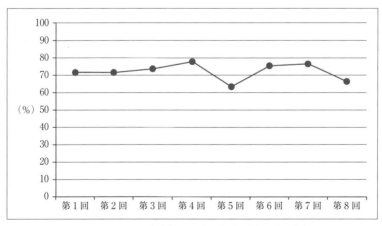

図2-2　テスト全体の平均正解率（第1次調査）

Part I

解釈

　生徒は日々英語を勉強し続けているのに，なぜ名詞句テストの正解率は上昇しなかったのか？

　この問いに対する回答として思いつくのは，各テスト回における問題の難易度との関係である。実は第1回テストから第8回テストにかけて，扱われている名詞句と問題形式は徐々に難しくなっていたのだ。「難しく」と言っても，名詞句構造については先に述べたように，複雑なものを入れているわけではない。名詞句を構成する単語が1～2語増えていたり，用いる単語がやや長いものになっているだけなのだ。

　問題形式については，中学1年時の第1回テストでは全て選択形式だったが，第5回テストから記述形式問題が加わり，第8回テストには「次の文を受け身（受動態）の文にかえなさい」という，受動態の理解が前提になっている問題も出題されていた。

　それぞれの例を以下に示す。数字は選択率を示している。

第1回テスト
　　Ⅳ．次の(1), (2)の文に and（「と…」）を入れて英文を完成するとき，適切な場所はどこか，記号で答えなさい。
　　(1) This is my ・ American ・ friend ・ his ・ high school.
　　　　　　　　ア 5%　　　　イ 6%　　　ウ79%　エ 9%

第5回テスト
　　Ⅴ．次の疑問文をふつうの文に直しなさい。
　　(3) Is playing tennis in the park fun?
　　　　　<u>Playing tennis in the park is fun.</u>　　　　　40%

第8回テスト
　　Ⅳ．次の文を受け身（受動態）の文にかえなさい。
　　(1) Yuki gave Takeshi a present from Mary yesterday.
　　　　　<u>Takeshi was given a present from Mary ～.</u>
　　　　　<u>A present from Mary was given ～.</u>　　　　合わせて14%

このように，テスト回を経るごとに問題が難しくなっていったことが，正解率が伸びなかった主要な原因だと考えられる。「名詞句」という特定の事項の理解を経年的に測るにあたり，このようなテスト形式が妥当だったのか議論の余地があるところだろう。しかしこの第1次調査では，研究の土台であった『テスト法』で提案されていたテストを踏襲することを優先した。

また，学年が上がるに従って句やセンテンスが複雑化し，加えてさまざまな文法事項が新規に導入されるということこそ，中学生たちの英語学習状況の「現実」を反映していると思われた。このテストにおいて回を重ねるごとにより難しいと思われる単語，句，問題形式，指示が与えられたことが，日々の英語学習状況と重なるとすれば，正解率がなかなか伸びない，そして新しい学習事項が入ってくると，既習のものについてもいったん正解率が下降してしまうという現象は，生徒たちの学習状況を把握するにあたり，重要なことを示唆している。

ついでに

私たち教師が生徒たちの英語学習・習得状況を考えるとき，「先月教えた受動態はもうわかっているだろう」，「今は中3の終わりだから，分詞と関係代名詞の総ざらいをしようかな」と思いがちではないだろうか。これは，生徒たちにある項目を教えたら，彼らがすぐにそれらを習得できるという考えに基づいていると思われる。「『導入』すぐさま『定着』」の図式である。

しかし，言語の習得がそのようにスムーズにいくわけではないことは，われわれ自身の学習体験から言っても明らかではないだろうか。特にわれわれ英語教師は，とりわけ英語が得意なエリートコースを歩んできた人たちである。必ずしもそうではない人が大半を占める世の中，あるいは教室内で，「わからない…」，「またこんがらがってきちゃった…」，「これとあれ，どう違うのかな…」と，大混乱している生徒たちの実情を，まずは把握したいところである。

英語（言語）はルール（文法）に基づいており，複数のルールは関連し合っている。特にここで扱っている「句」のルールは，「節」のルール，「センテンス」のルールへとつながっていく。句についての理解が不十分な状態で，意味のある正確なセンテンスや文章など作れるはずがないことも，見逃されがちではないだろうか。

かったこと 調査1 - 3

> 句だけに限って語順が正しいか判断することは，比較的早い段階からできるようになる。一方で，文中から名詞句のまとまりを見つけ出すことは，中学卒業間際になってもあまりできるようにならない。

その根拠

テスト問題と分析

表2-2にあるように，第1次調査の全てのテストに名詞句の「内部構造」を把握する問題と，センテンス中における名詞句の「まとまり」を見つける問題が（複数問ずつ）あった。前者は日本語で名詞句が与えられ，それに該当する適切な語順の英語を選ぶ問題である。つまり，句に限定した場合に正しい英語の語順を理解しているかを測っている。

後者は本動詞が抜けた英語センテンスを与え，その適切な場所に本動詞を入れられるかを問う問題が主流であった。つまり，センテンスの主部に該当する部分がどこからどこまでか，を見抜けるかどうかを測っている。そのため，それぞれを「内部構造問題」，「まとまり問題」と呼んだ。

各テストのそれぞれの問題の平均正解率を求めることで，名詞句に対するどちらの作業の方が，生徒たちにとって容易または困難なのかを確認した。

結果

得られた結果は，表2-4の通りである。

表2-4 「内部構造問題」vs.「まとまり問題」（第1次調査）

	第1回	第2回	第3回	第4回	第5回	第6回	第7回	第8回
内部構造	91.8%	89.3%	77.5%	87.5%	73.8%	93.5%	84.3%	78.3%
まとまり	59.5%	62.5%	69.7%	72.7%	71.9%	68.2%	73.5%	59.7%

表の通り，「内部構造問題」は一貫して「まとまり問題」よりも正解率が高かった。第5回のように大きな差がない回もあるが（73.8%と71.9%），ほとんどのテスト回においてその差は明確だった。

解釈

　この結果から，中学生は3年間を通して，名詞句の内部構造把握よりもまとまり把握の方をなかなかできるようにならないことがわかった。

　このような結果になった原因を考えてみたい。

　第一に考えられることは，内部構造問題とまとまり問題では，構造上の「規模」が違うということである。前者は名詞句単体，つまりフレーズだが，後者はセンテンス全体を見渡さなければならない。センテンスと言っても，主に5～10単語から成っているのだが，その程度の長さであっても中学生には負担が大きいのかもしれない。

　第二に，内部構造問題の方は四つの選択肢から正しい語順のものを選ぶ作業，まとまり問題の方は本動詞を適切な場所に入れる作業がそれぞれ大半を占めていたため，この受動的（receptive）かあるいは能動的（productive）かという違いが，正解率の差を生んだ可能性もある。

　第三に，生徒たちが回答の際に「聞いたことがある（またはない）」という，自らの直感に頼って判断した可能性だ。内部構造問題では，たとえば，(ア) that small bag，(イ) small that bag，(ウ) that bag small を選ばせた。生徒たちはこれらを見て，一つ一つを心の中で読んでみた場合，「聞いたことがあるぞ（またはないぞ）」という感覚的な判断をして，それに従って回答したのかもしれない。そのような回答の仕方は，内部構造問題の方がやりやすかったはずだ。

　上記の可能性はいずれも，この調査で用いたテストの形式によるものだとも考えられる。そのため，ここで得られた結果としては一応「内部構造把握はまとまり把握に先行する」としておくが，問題形式を検討した上，重ねての調査が必要になってくると考えた。

ついでに

　生徒が「なんかこれ，聞いたことがあるぞ（または，ないぞ）」という直感に頼っているのではないかという解釈は，まとまり把握問題の錯乱肢の中で，高い割合をもって選ばれたものからも成り立つ。

　たとえば，This ア boy イ from ウ China エ. に本動詞 is を挿入させる問題の場合，正解のイ（選択率57％）に対してアを選択した生徒の割合は41％だった。また，These ア small イ books ウ English-Japanese エ dictionaries. に are

を挿入させる場合は，なんとアの選択率が58％で，正解のウの選択率31％を大きく上回った。

　これは，This is ～または These are ～というまとまりを「聞いたことがある」と，直感的に判断したためではないか。この回答では，センテンスの後半部分の構造が文法的には破綻してしまう（冠詞がない boy from China や，small books English-Japanese dictionaries など）。しかしこの学習段階の生徒たちには，センテンスの後半まで気を配り，それが正しいものかどうかを十分に吟味する心的な余裕がないのではないかと思われる[3]。

わかったこと 調査1 - 4

> 名詞句の種類によって，正解率が大きく異なる。

その根拠
テスト問題と分析
　本調査で扱った名詞句の種類は，大別すると6つのタイプがあった。それぞれの例は以下の通りである。

　　　(a)前置修飾：形容詞タイプ　　　　　　that small bag
　　　(b)前置修飾：疑問詞タイプ　　　　　　what TV program
　　　(c)後置修飾：前置詞句タイプ　　　　　many foods from India
　　　(d)後置修飾：to 不定詞句タイプ　　　　something to drink
　　　(e)動名詞句タイプ　　　　　　　　　　eating chocolate after dinner
　　　(f) to 不定詞句（名詞的用法）タイプ　　to study Chinese

　それぞれのタイプの，調査全体を通した平均正解率を求めた。

結果
　得られた結果は，次の表2-5の通りである。

3）誤り分析については，「2006年度全国英語教育学会　高知研究大会」で口頭発表した。

表2-5　名詞句タイプ別の平均正解率（第1次調査）

名詞句タイプ	正解率
前置修飾：形容詞タイプ	71.9%
前置修飾：疑問詞タイプ	82.3%
後置修飾：前置詞句タイプ	56.3%
後置修飾：to 不定詞句タイプ	76.5%
動名詞句タイプ	84.3%
to 不定詞句（名詞的用法）タイプ	83.1%

表の通り，前置詞句による後置修飾を伴うタイプの名詞句（例：many foods from India）の正解率が56.3％と，他に比べると顕著に低かった。

解釈

　前置修飾と後置修飾の違いは，日英語の違いとも一致する。日本語では名詞句を作る際には後置修飾を用いず，どんなに長い修飾部分であっても基本的には前置修飾である（例：昨日私が駅で会った，髪の長い可愛い女の子）。母語との違いは，第2言語を習得するにあたってしばしば障害となるが，この後置修飾の名詞句ができていないという結果も，その一環だと考えられる。

ついでに

　動名詞句と to 不定詞句の正解率がそれほど低くなかったことも興味深い。これらは，一般的に中学2年生で明示的に学習する文法項目だ。「新出文法事項」として教員が丁寧に説明し，生徒達はプリントなどを使って練習し，定期テストや高校入試などでも扱われるだろう。

　これに対して，その他のもっと基本的なタイプの名詞句には，英語を学習したその時点から絶えず触れることになるわけだが，「文法事項」として特別な扱いをされるようなことはまずないだろう。

　しかし本書で述べているように，名詞句は修飾によるその内部構造の複雑さに段階性を持ち，そのため単純な修飾によって句が短くなったり，複雑な修飾によって句が長くなったりと，その様態が多様である。まだ英語の句構造に明確な意識づけがされていない初習者にとっては，この多様さは相当な困難要因になっていると思われる。

2.4. 第1次調査の反省点

　本章で紹介した第1次調査は，『テスト法』で提案されたことを実行に移したいという点で意義深いものだった。同一中学生の句の把握の実態を，3年間という長い時間をかけて縦断的に調べるという点でも，なかなか前例のない研究となったと言える。そこでわかったことは，すでに述べた通りだが，その中で特に強調したいことをごく簡潔に述べると，「英語の句の習得には相当な時間がかかりそうだ」ということだ。

　それでは生徒たちは，中学何年生のいつ頃，何がわかるようになるのか。さらに，英語名詞句の理解が進んでいく過程で，一体どのような誤り（試行錯誤）を繰り返していくのか。もっと詳細を明らかにしなければと感じた。

　この第1次調査を終えて，われわれが問題形式および問題内容について反省し，改善すべきことがいくつか挙がった。第一に，一つの形式に対する問題数が少ないことだった。たとえば，「主要部名詞＋前置詞句による後置修飾」のまとまりを問う問題は，全8回を通じて20問しかなく，また毎回出題されているわけでもなかった。それでは明確な結論を導き出すことはできない。

　第二に，上述した This is ～のように，聞き慣れたフレーズといった「誤りを引き起こしているかもしれない要素」というものが垣間見えたので，それを確かめるための仕掛けも必要だと考えた。その要素が含まれている問題と含まれていない問題の両方を，併存させる必要があるだろう。

　これら二点とも，改善するには問題数を増やすことが必要になってくる。第1次調査を実施した結果，中学生に対して，授業とは直接関係のない飛び込み方式のテストを受けてもらう際の適切な問題数，かかる時間の限度というものも，何となくわかってきた。協力していただく先生の授業への影響なども併せて考えると，15～20分程度が妥当なところだった。そうすると，一つのテストに含めることができる問題数は自ずと決まってくるので，問題数や種類を増やしたい一方，削るべきものを検討しなくてはいけなくなった。

　そこで削除候補として挙がったのが，次の二つだった。

【名詞句（構造）タイプ】
　　　　to 不定詞句（名詞的用法）
　　　　動名詞句

【問題形式】
      並べ替え問題
      疑問文⇔平叙文の書き換え問題
      能動態から受動態への書き換え問題
      andやorなど等位接続詞を挿入させる問題

　名詞句タイプについては，名詞に前置・後置修飾がついた構造に限定した方が，名詞句の複雑性の調整が容易にでき，生徒たちにとっての困難点を特定しやすいだろうと考えた。また，問題形式については，句のまとまりを把握するということ以外の，他の要素が入り込む可能性のあるもの（たとえば受動態の知識）を排除することにした。
　つまり，残ったものは次のようにまとめられる。

【名詞句（構造）タイプ】
      主要部名詞（HN）の前に指示代名詞と形容詞があるもの
                        （例：this beautiful flower）
      主要部名詞（HN）の前に疑問詞があるもの
                        （例：which picture）
      主要部名詞（HN）の後ろに前置詞句があるもの
                        （例：the food of their country）
      主要部名詞（HN）の後ろにto不定詞句があるもの
                        （例：some balls to play tennis）

【問題形式】
      日本語に対する名詞句部分の英訳を選択させる問題
      本動詞としてのbe動詞を英文に挿入させる問題

　このような変更を加えることを決め，調査を続けることになった。それが次の3年間，第2次調査だった。

第3章

見えてきた実態をさらに追う
～第2次調査～

3.1. 第1次調査からの変更点

　前章の最後に記したように，われわれの調査対象は「前置・後置修飾語句が主要部名詞（HN）に付いた名詞句」に限定された。繰り返しになるが，名詞句には修飾により多様な形があり，英語初習者である中学生にとっては，それらを把握することが非常に困難だと考える。句を把握するという英文法の基礎中の基礎が，なかなかできるようにならないことを問題の中心にしているわけだ。

　さらに，本研究で扱う名詞句の構造は，中学の半ば頃（2年生の2学期頃）までに導入されるものに限定することにした。再掲すると，それらは以下のものである。

【名詞句（構造）タイプ】
　　　主要部名詞（HN）の前に指示代名詞があるもの
　　　　　　　　　　（例：this singer）
　　　主要部名詞（HN）の前に形容詞があるもの
　　　　　　　　　　（例：sweet cakes）
　　　主要部名詞（HN）の前に疑問詞があるもの
　　　　　　　　　　（例：which picture）
　　　主要部名詞（HN）の後ろに前置詞句があるもの
　　　　　　　　　　（例：the food of their country）
　　　主要部名詞（HN）の後ろに to 不定詞句があるもの
　　　　　　　　　　（例：some balls to play tennis）

複数語から成る分詞節の後置修飾や，中学校英文法の山場（？）とも言える関係詞節による後置修飾は含んでいない。われわれの研究の基になっている『定着重視の英語テスト法―長期的視野に立った中学校英語評価』（以下『テスト法』）でも，前回の第1次調査でもそれらは扱っていない。「もっと基本的な構造さえ，できていないのではないか」という考えが根底にあるからだ。

問題形式についても，第1次調査からの変更点があった。前章で述べたように，句を把握できるかどうかに特化するため，形式を限定しようと考えた。

われわれの研究においては，「句の把握」とは，「句の内部構造をわかっているか」ということと，「センテンス中の句のまとまりを見つけられるか」ということを指しているのが前提である。

これら二つのことを測るために，名詞句内の適切な語順を問うものと，センテンス中に本動詞を入れる適切な場所を問うものを採用することにした。それぞれの例は以下の通りである。

【問題形式】
内部構造問題　　　彼のお気に入りの選手
　　　　　　　　　ア．player his favorite
　　　　　　　　　イ．his favorite player
　　　　　　　　　ウ．his player favorite
　　　　　　　　　エ．favorite player his
まとまり問題　　　My ・ new ・ eraser ・ on ・ the table. (is)
　　　　　　　　　　　ア　　イ　　　ウ　　　エ

また，新たにこの第2次調査で採用した問題形式が一つあった。それは，主要部名詞（HN）をセンテンスから取り除き，適切な挿入場所はどこかを問うものであった。これはセンテンスに含まれる当該名詞句を見つけ出し，さらにHNと修飾関係にある単語のまとまりを見つけ出し，その関係が成り立つ適切な場所に入れるという，「内部構造とまとまり把握の両方」ができるかを測る意図があった[4]。

4）2006年に刊行された，『英語診断テスト開発への道―ELPA「英語診断テスト」プロジェクトの軌跡』（英語運用能力評価協会）でも，同様の問題形式を採用している。

Part I

　以上三つの問題形式を大問1，大問2，大問3として，この第2次調査の全テストを通じて出題することにした。大問1は「内部構造問題」，大問2は「まとまり問題」，大問3は「内部構造＋まとまり問題」と呼ぶ。
　その他，第1次調査からの変更点として，テストの回数を経るごとに，少しずつ問題数を増加していった。それでも，毎回のテストは20分以内に終わる程度とした。
　これは第1次調査と同様だが，出題される名詞句構造やテストで使用される単語は，生徒が使用している教科書を参照し，必ず既習のものとしたことも追記しておく。

3.2. どのように調べたか（第2次調査）

3.2.1. 学校・生徒について

　第2次調査を行ったのは，2006年度から2008年度の3年間だった（本書へのガイド，p.9の年表を参照されたい）。筆者がこの調査の対象となった生徒たちの英語授業担当教師だったため，可能な限り詳細な情報をここに記したい。
　協力校はある公立の中学校で，1学年167名，5クラスの中規模校だった。当時の標準的な教育課程に則り，英語の授業は週3時間行い，そのうちの1時間は原則としてALTとのTeam Teachingで行っていた。
　2006年度入学の，本調査の対象となった学年の特徴としては，全体的に落ち着いていてのんびりとした雰囲気の生徒が多かったことが挙げられる。教師のアドバイスを素直に受け入れる生徒が多かったため，3年生の頃には学力的にも伸びてくる様子が見られた。
　当時は，小学校での英語活動（外国語活動）もほとんど行われていなかった。入学時の英語学習の経験としては，帰国生徒が3名おり，1名は入学時に英語検定準2級を取得していた。その他，小学校時代に英会話を習っていた者が数名いたが，ほとんどの生徒は年に数回ALTが小学校を訪問して英語に触れる程度の経験であった。中学校入学時の英語学習に対しては，不安もあるものの期待も比較的高かったように思う。「中学校に入ったら，英語が始まるから頑張って勉強したい」という声を多く聞くことができた。また，中学校3年生修了段階での英語検定取得状況は，2級1名，準2級11名，3級66名，4級

17名，5級4名であった。

そして，本調査における各テストの実施時期とそれぞれの参加人数は，次の表3-1の通りである。

表3-1　第2次調査のテスト実施時期と受験者数

テスト	実施時期	学年・学期	受験人数
第1回	2006年11月	1年2学期	164名
第2回	2007年3月	1年3学期	162名
第3回	2007年7月	2年1学期	161名
第4回	2007年12月	2年2学期	161名
第5回	2008年3月	2年3学期	162名
第6回	2008年7月	3年1学期	162名
第7回	2008年12月	3年2学期	159名
第8回	2009年3月	3年3学期	144名

3.2.2. テストと実施について

　使用したテストは，上述の通り大問1～3で構成されていた。問題数は第1回テストが12問，その後少しずつ増加し，第8回テストでは16問が出題された。テストはA4用紙1枚を基本とし，実施にあたっては教師，生徒ともに負担を感じないように配慮した。第1回テストを図3-1（p.49）に示す。

　第1回テストから第8回テストまでの変化として，問題数が増加したことに加え，設問に用いられているセンテンスも多少長くなっていった。初回テストでは平均7.5語から成っていたが（たとえば，I like your blue cap very much.），最終テストでは平均9.3語とした（たとえば，There are many interesting new words in the dictionary.）。これは，彼らがテストを受けるその時々で読んでいる教科書本文の様子に合わせて，問題を作成した結果である。

　テストは，通常の英語授業の中で実施した。毎回，テストにかかる時間は15～20分程度であった。教科書や辞書の使用は認めていなかったが，わからない単語がある場合には，その単語の意味を担当教師に質問することは許可した。

　生徒に対しては，「このテストは，学校の成績等には関係なく，調査のために行うものであるが，一生懸命取り組んでほしい」と説明し，協力を依頼し

た。生徒たちは協力的な姿勢で取り組んでくれたようだった。しかし，特に答え合わせや解説を求められることはなかった。テストは調査終了後の中学3年生時の3学期に，それまでの8回分をまとめて返却した。

> **コラム** チームだから続けられた！
>
> 　第2次調査を振り返ってみたときに感じるのは，「チームで取り組んだから続けられた」ということだ。それは3回の縦断的調査を行ったこの研究自体についてもいえることである。
>
> 　自分が勤務校でテストを実施していた頃は，英語の授業は週3時間であった。「週3回で何ができるか？どのくらい定着させられるか？」について考えながら指導していく日々の連続である。正直，普通に授業を行いながら定期テストとは全く別の（関係ない）調査のためのテストを作成することは非常に困難だったと思う。
>
> 　既習の語彙のみを使用し，名詞句の条件（名詞句タイプ，語数等）を統制し，テスト問題を作成することは非常に困難を伴う。これを通常業務の合間に行うのは，ましてやたった一人で行うことは不可能といっていい。
>
> 　第2次調査でも，大学や大学院に所属している協力者が中心となって，語彙の選定や問題作成を行ってくれた。また採点に関しても，答案用紙を郵送するだけで「入力→統計処理→結果の提示」の全てを行っていただいた。
>
> 　現場の教師一人が実践していくのは難しい。しかし，チームとなって取り組んでいくことでこの研究を続けていくことができた。そして続けていくうちに，生徒の実態を見つめることの楽しさに気づくことができた。
>
> 　読者の皆さんが新たにテストに取り組むのは簡単なことではないかもしれない。が，本テストをサンプルとして，たとえ単発的であっても実施してみることで，生徒の英語力を普段の定期テストとは違った側面から見ることができるかもしれない。

第3章 見えてきた実態をさらに追う

第1回 CHECK テスト

1年(　　)組(　　)番・氏名(　　　　　　　　)

I．次の(1)〜(4)の日本語の意味を表わす英語をア〜ウ(エ)の中から一つ選び，記号で答えなさい．

(1) 彼のお気に入りの選手
　　ア．player his favorite
　　イ．his favorite player
　　ウ．his player favorite
　　エ．favorite player his

(2) この黄色の車
　　ア．yellow car this
　　イ．this car yellow
　　ウ．car this yellow
　　エ．this yellow car

(3) どの日本の食べ物
　　ア．what Japanese food
　　イ．what food Japanese
　　ウ．Japanese food what
　　エ．food what Japanese

(4) 机の上のえんぴつ
　　ア．a pencil the desk on
　　イ．the desk on a pencil
　　ウ．on the desk a pencil
　　エ．a pencil on the desk

II．次の文の適切な場所に(　)内の語を入れて英文を完成し，記号で答えなさい．

(1) My　　new　　eraser　　on　　the table.　　(is)
　　　ア　　　イ　　　　ウ　　　エ
(2) This　　beautiful　　picture　　very　　nice.　　(is)
　　　ア　　　　イ　　　　　ウ　　　　エ
(3) Which　　red　　pen　　on　　the table?　　(is)
　　　ア　　　イ　　　ウ　　　エ
(4) The student　　at　　Nishi　　high school　　from　　America.　　(is)
　　　　ア　　　　イ　　　ウ　　　　エ　　　　　オ

III．次の文の適切な場所に(　　)内の語を入れて英文を完成し，記号で答えなさい．

(1) I　　like　　your　　blue　　very　　much.　　(cap)
　　ア　　イ　　　ウ　　　エ　　　オ
(2) We　　have　　this　　beautiful　　in　　Japan.　　(mountain)
　　ア　　　イ　　　ウ　　　　エ　　　　オ
(3) What　　do　　you　　go　　to　　school　　every day?　　(time)
　　　ア　　イ　　ウ　　エ　　　　　オ
(4) Do　　you　　know　　the　　of　　his school?　　(name)
　　ア　　イ　　　ウ　　　エ　　オ

図3-1　第1回テスト（第2次調査）

3.3. 新たにわかったこと（第2次調査）

わかったこと

> 調査2-1. 第1次調査同様，比較的単純な構造の名詞句であっても，中学3年間を通してきちんと習得できるわけではない。
>
> 調査2-2. 第1次調査同様，句の理解は，できたりできなかったりを繰り返し，最終的には当初よりもできていない場合もある。
>
> 調査2-3. 第1次調査同様，句だけに限って語順が正しいか判断することは，比較的早い段階からできるようになる。一方で，文中から名詞句のまとまりを見つけ出すことは，中学卒業間際になってもあまりできるようにならない。
>
> 調査2-4. 第1次調査同様，名詞句の種類によって正解率が大きく異なる。
>
> 調査2-5. 名詞句の把握の状況によって，生徒たちは三つのグループに分けられそうだ。
>   ① 安定上位グループ
>   ② 追い上げグループ
>   ③ その他
>
> 調査2-6. 名詞句を把握できるようになる一定のプロセスがありそうだ。
>   ① ThisIs期
>   ② HN直後期
>   ③ 上がり状態

わかったこと 調査2 -1

> 第1次調査同様，比較的単純な構造の名詞句であっても，中学3年間を通してきちんと習得できるわけではない。

その根拠

テスト問題と分析

第2次調査でも，第1次調査同様，同一の中学生たち（およそ160名）を対象に1年生の時点から卒業間際の3年生の時点にかけて，全8回のテストを実施した。実施時期，テストの問題形式，扱った名詞句タイプ等については前項をご参照いただきたい。

初めに，全体の傾向を確認するため，テスト全体の平均正解率を求め，その推移を調べた。

結果

得られた結果は，下の表3-2の通りである。

表3-2　テスト全体の平均正解率（第2次調査）

第1回	第2回	第3回	第4回	第5回	第6回	第7回	第8回
56.1%	47.8%	52.5%	52.7%	42.2%	49.1%	50.8%	56.1%

解釈

この表3-2からは，全体の平均正解率は決して高いとは言えないことがわかる。第1次調査では60〜70％台で推移していた正解率が，本調査では8回全てが40〜50％台となってしまっている。

すなわち，中学3年間をかけても，約半数の生徒は名詞句を十分に把握することはできていなかったということである。

第1次調査を実施した学校と比べ，第2次調査を実施した学校がとりわけ学力的に劣っていたとは思われない。それなのに，なぜ正解率が下がってしまったのだろうか。

要因の一つとして考えられるのは，第1次調査で正解率の高かった動名詞句

や名詞的用法の不定詞句(第2章の表2-5を参照されたい)を除いて問題を作成したということがあるかもしれない。

　第2次調査でも，関係代名詞や分詞による後置修飾など，複雑な構造を持つ名詞句は取り扱っていない。にもかかわらず，正解率は伸び悩んでしまった。

　このように比較的単純な構造の名詞句でも，中学3年間を通してきちんと習得できるわけではないということが，改めてわかった。

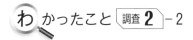
かったこと 調査 2 - 2

> 第1次調査同様，句の理解は，できたりできなかったりを繰り返し，最終的には当初よりもできていない場合もある。

その根拠

テスト問題と分析

　ここでは8回の正解率のアップダウンについて確認するため，テスト全体の平均正解率の推移をグラフにした。それが次ページの図3-2（p.53）である。

結果

　このように，正解率は右肩上がりに順調に伸びていくわけではなく，アップダウンが見られることがわかる。第1次調査同様，第5回テストで正解率が落ち込み，その後少しずつ上昇していく傾向はみられるものの，最終的な正解率は第1回テストと同じ56.1％であった。

　また，初回と最終回に記録した56.1％という正解率が8回中最も高い数値で，初回から最終回にかけてはそれらを下回る正解率のアップダウンが見られる。これはいったいどうしたことか。中学3年間をかけて，生徒たちの向上は「なかった」ということなのか。次に考察してみる。

第3章 見えてきた実態をさらに追う

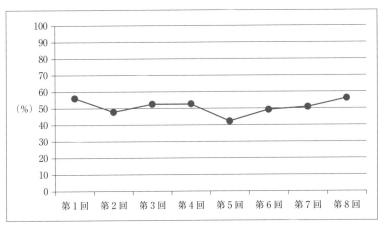

図3-2 テスト全体の平均正解率（第2次調査）

解釈

　ここでは，中学校3年間で右肩上がりに正解率が向上するわけではなく，むしろ一時的に落ち込むこともあるという結果が得られた。これらの現象の一つの解釈として，テストの回数を経るごとに問題が徐々に難しくなっているために，このような結果になってしまったということが考えられる。

　生徒たちは確実に（英語力の点で）成長してはいるのだが，与えられる問題が難しくなってしまっているため，できるようになったものはあるが，できないものもまた新たに加わってしまった。または，できるようになったはずのものも，新しいものが入ってきたために混乱してまたわからなくなってしまった。そのような状況が，このグラフに表れているのかもしれない。

　ここでは名詞句に限定したほんの10数問から成るテストにおける事象だが，同様のことは日常の英語学習において必ず起こっているはずである。生徒の実態を把握することを目的にしている本調査だが，その成果として，この「なかなか伸びない」現象を，重要な結果の一つとして強調したい。

　また，特に正解率が42.2％にまで落ち込んだのが第5回テストである。この第5回テストからは，比較的好成績を得ていた前置修飾の問題を，問題数が増えすぎないように削除し，新たに不定詞による後置修飾の問題を出題している。このことが，落ち込みの要因の一つになった可能性がある。

　しかし，第1次調査においても，第5回テストの正解率に落ち込みが見られ

53

たという点は興味深い（第2章の図2-2を参照されたい）。中学校2年生の3学期頃，生徒たちに何が起こったのだろうか。その原因を何とか究明できれば良いが，残念ながら本調査で採ったデータからはそれは叶わない。

先行研究（太田他，2003）においても，中2の中頃から後半にかけて，生徒の英語力について質的な変容がありそうだと言われている。「中2の半ば」という時期的な共通点は興味深く，この現象は今後の研究課題になり得るだろう。

> 第1次調査同様，句だけに限って語順が正しいか判断することは，比較的早い段階からできるようになる。一方で，文中から名詞句のまとまりを見つけ出すことは，中学卒業間際になってもあまりできるようにならない。

その根拠

テスト問題と分析

既述のとおり，第2次調査は「句だけに限って語順が正しいか判断する」という「内部構造問題」（大問1），「センテンス中から名詞句のまとまりを見つけ出す」という「まとまり問題」（大問2），「名詞句の内部構造とセンテンス中のまとまりを同時に見つけ出す」という「内部構造＋まとまり問題」（大問3）から成っている。

ここでは，問題形式ごとに正解率に差があるのかを確認するため，第1回～第8回までの大問ごとの平均正解率を算出した。

結果

大問ごとの平均正解率を8回分それぞれに求めた。その結果が次の表3-3（p.55）である。この結果を見ると，句だけに限って語順が正しいか判断することを求めた「内部構造問題」は，全8回のテストを通して比較的高い正解率を得ていて，さらに最終的には79.2％に達している。

一方，文中から名詞句のかたまりを見つけ出す「まとまり問題」は，正解率が最も低く，最終的な正解率も37.4％と非常に低い状態であった。

表3-3 「内部構造」vs.「まとまり」vs.「内部構造＋まとまり」問題（第2次調査）

	第1回	第2回	第3回	第4回	第5回	第6回	第7回	第8回
内部構造	72.7%	59.9%	64.4%	70.7%	59.2%	70.8%	78.9%	79.2%
まとまり	40.3%	38.7%	45.2%	46.2%	23.0%	19.6%	33.4%	37.4%
内部構造＋まとまり	55.4%	43.7%	50.2%	44.8%	47.0%	59.3%	49.4%	59.4%

解釈

　内部構造問題の正解率が比較的高かった理由としては，第1次調査の結果でも述べたように，この問題が四つの選択肢から正しい語順のものを選ぶという受容的（receptive）な問題形式であったことが考えらえる。一方のまとまり問題については，本動詞であるbe動詞を適切な場所に入れるという，一種の生産的（productive）な問題形式であったため，正解率が伸び悩んだのではないか。

　また，第1次調査同様，内部構造問題は名詞句単体という限られた範囲を見れば良いが，まとまり問題では，センテンス全体を見渡さなければ正解を得られないため，中学生にとっては負担がより大きかったのだろう。

ついでに

　「内部構造＋まとまり問題」については，内部構造問題とまとまり問題のちょうど中間程度の正解率だった。それほど高い正解率とは言えないものの，最終回が最も高い数値を示しており，今後もより高くなっていく可能性もあるのではないだろうか。

　ここで，これらの問題に取り組んだ生徒たちの思考を推測するために，彼らの誤答を確認してみる。名詞句の構造タイプが，主要部名詞（HN）の前に形容詞がある場合は，正解よりも手前にHNを挿入してしまうケースが多いように見受けられる。たとえば第3回テストから抜粋した次のようなものである（数字は選択率を示している）。（網掛けが誤答，□囲みが正解）

We ・ will visit ・ many ・ famous ・ in ・ this summer. （places）
　　ア 5.6%　　イ 19.8%　　ウ 27.8%　　エ 38.9%　　オ 7.4%

Part I

　英文を頭から読んで理解しようとすると，We will visit places（私たちは場所を訪れるでしょう）というまとまりで，一応の意味を形成している。イを選んだ19.8％の生徒たちは，ここまで読んで「ここでよし」と判断したのではないだろうか。

　同様に，We will visit many places（私たちはたくさんの場所を訪れるでしょう）というまとまりを作り，「ここでよし」と判断した27.8％の生徒たちは，famousという単語やその後ろのフレーズを無視してしまったのではないだろうか。

　逆に「前後のつながり感」に頼ったと思われる誤答もある。第5回テストで出題された次のような問題である。(網掛けが誤答，□囲みが正解)

This ・ famous ・ in Tokyo ・ is ・ very tall ・ ． （tower）
　ア12.4％　　イ36.0％　　ウ42.2％　エ5.0％　　オ3.7％

　この問題では，正解のイと解答した生徒が36.0％だったのに対し，ウと解答した生徒はそれを上回る42.2％であった。Tokyo towerという単語のつながり感の良さに，影響された結果ではないかと思われる。

　この結果から，「局所的な単語のつながりの良し悪し」を，生徒は初期の頃から比較的敏感に感じ取っている様子がうかがえる。特に，文の中で主要な役割を果たすHNが抜けている問題（ここでいう大問3「内部構造＋まとまり問題」）に直面した際，生徒はかなりの違和感を感じるのではないだろうか。

　解答にあたっては，「この単語とこの単語が並んでいるのはおかしい。ここに何か入るだろう」といった判断の下に，HNを挿入している生徒がおり，これが「内部構造＋まとまり問題」の正解率をある程度引き上げたのではないか[5]。

　この大問3の趣旨は既述の通りだが，解答した生徒たちの側からすると，必ずしも英語の構造を意識して正解を求めたわけではなかったようである。

---

5) 特に名詞句の構造タイプが「HN＋前置詞句」の場合，正解率が高かった。たとえば以下のようなものである。a about というつながりに違和感を持ったと思われる。
　　Do ア you イ have ウ a エ about オ music ?　　　（book）

わかったこと 調査2 -4

第1次調査同様，名詞句の種類によって正解率が大きく異なる。

その根拠
テスト問題と分析
　この第2次調査で扱った名詞句は，大別すると四つの構造タイプがあった。それぞれの例は以下の通りである。

　　(a)前置修飾：指示代名詞＋形容詞タイプ　　this beautiful flower
　　(b)前置修飾：疑問詞タイプ　　　　　　　　which winter sport
　　(c)後置修飾：前置詞句タイプ　　　　　　　two cakes on the table
　　(d)後置修飾：to 不定詞句タイプ　　　　　　a large park to play baseball

　名詞句の構造タイプによって正解率に差があるのかを調べるため，(a)～(d)の名詞句タイプ別の平均正解率を求めた。

結果
　得られた結果は，下の表3-4の通りである。
　これを見てみると，前置修飾を伴う構造である形容詞タイプと疑問詞タイプの方が（それぞれ60.6％と52.1％），後置修飾を伴う前置詞句タイプとto不定詞句タイプよりも（それぞれ48.9％と45.2％）正解率が高いことがわかる。

表3-4　名詞句タイプ別の平均正解率（第2次調査）

名詞句タイプ	正解率
前置修飾：形容詞タイプ	60.6％
前置修飾：疑問詞タイプ	52.1％
後置修飾：前置詞句タイプ	48.9％
後置修飾：to 不定詞句タイプ	45.2％

解釈
　日々の英語授業の中で，日本語の語順とほぼ変わりない前置修飾の理解については，「生徒は当たり前に理解しているだろう」と予測していたが，ここで

得られた結果から，実態も予測した通りだったと言えるだろう。

筆者は本調査の対象となった生徒の授業を3年間担当していたが，その時の様子を振り返ってみても，前置修飾については生徒もすんなりと理解していたように思う。

ついでに

大問ごとに見たとき，名詞句タイプ別の正解率に何か特徴は現れるだろうか。問題形式，名詞句タイプ，そして8回のテストという，三つの要素を全て含んだ結果を求めてみた（結果の表はp.153，「巻末資料2」を参照されたい）。

結果を見ると，ほとんど全ての名詞句タイプで，正解率にアップダウンがあり，生徒たちの理解（習得）がすんなりと進んでいるわけではないことがわかった。

しかし，そのような中で唯一，第1回テストから第8回にかけて右肩上がりの順調な伸びを示したのが，「内部構造問題」における「HN＋前置詞句」の構造タイプだった。結果を下の表3-5に抜粋する。

たとえば，第1回テストでは「机の上のえんぴつ」に対応する英語はどれかを尋ねたのだが，正解である a pencil on the desk を選択した生徒が29.6%だったのに対し，on the desk a pencil を選択した生徒は48.1%と最も多かった。

on the desk が一つのかたまりであり，a pencil がもう一つのかたまりであることは理解しているが，その順序がよくわからない。あるいは，日本語語順の「机の上／えんぴつ」をそのまま当てはめたのではないかと考えられる。また，日本語の単語「机／上／えんぴつ」をそのまま英訳したような the desk on a pencil を選択した生徒も21.0%いた。

表3-5　内部構造問題における「HN＋前置詞句」タイプの平均正解率推移

第1回	第2回	第3回	第4回	第5回	第6回	第7回	第8回
29.6%	34.5%	47.9%	56.6%	64.6%	75.0%	83.9%	83.5%

しかし最終回の第8回テストになると，正解率は83.5%にまで上昇した。前置詞句による後置修飾について，内部構造の理解に限っては，中学生のうちに日英語の違いに気づき，最終的に大半の生徒が習得に至ると言えるのではないだろうか。

ただし，この結果は「内部構造問題」に限ったものであり，より生産的

(productive) な特性を持つ「まとまり問題」(本動詞である be 動詞をセンテンスに挿入させる) や,「内部構造＋まとまり問題」(主要部名詞をセンテンスに挿入させる) においては, このような順調な伸び (習得) が進んだ様子は見られなかった。

コラム　後置修飾ダブルパンチ！

　中学生にとっての後置修飾の難しさが判明してくるにつれ, 少々気になるところが出てきた。それは現在使用されている教科書を後置修飾の観点から見たときの印象である。
　私自身が授業を担当していた第 2 次調査の時に扱っていた教科書よりも, 一見するだけで量も多く, 文も長くなっているようである。では, 扱われている後置修飾はどのようなものがあるのか。
　新しい教科書をパラパラと見ていて驚いたのは, 次のような例が出現していたことである。

例 1　開隆堂　*SUNSHINE ENGLISH COURSE 2*　Program 5
　　There are also <u>stories about a country of giants and a country of horses</u>.

例 2　光村図書　*COLUMBUS 21 ENGLISH COURSE 2*　Unit 5
　　They have <u>the names of the victims of the war</u>.

例 3　教育出版　*ONE WORLD English Course 2*　Lesson 8
　　These are <u>some of the traditional symbols of Sydney</u>.

例 4　三省堂　*NEW CROWN ENGLISH SERIES 2*　Lesson 7
　　Graphs are <u>the most effective way to show information about numbers</u>.

例 5　学校図書　*TOTAL ENGLISH NEW EDITION 2*　Lesson 6
　　Could you give me <u>some examples of the 3Rs in Japan</u>?

例 6　東京書籍　*NEW HORIZON English Course 2*　Let's Read 2
　　You're <u>the only one in the world with a voice like that</u>.

　6 社の教科書すべてにおいて, 後置修飾が二重になっている名詞句が出現している。いわば,「後置修飾のダブルパンチ」である。
　自分自身の指導を振り返ってみると,「後置修飾」ということを意識して明示的に教えていたのは, 中学校 2 年生で扱う不定詞の形容詞的用法や, 中学校 3 年生で扱う関係代名詞や分詞による後置修飾の場面だったように思う。しかし, 本研究でも繰り返し触れてき

たように，前置詞句による後置修飾（例えば the book on the desk のような構造）は中学校1年生の段階で教科書中に出てきている。

教える側としては，少なくとも「生徒たちは後置修飾を苦手としている」という意識を頭の片隅のどこかに残しながら，後置修飾のダブルパンチにも耐えられるような生徒を育成していく必要があるように感じている。

わかったこと 調査 2 - 5

名詞句の把握の状況によって，生徒たちは三つのグループに分けられそうだ。
① 安定上位グループ
② 追い上げグループ
③ その他

その根拠

テスト問題と分析

第2次調査の協力者である167名について，全8回のテストの正解率を個人別に求め，167名それぞれの折れ線グラフを作成した。そのグラフに表れた正解率の推移によって，共通した特徴を持つグループに分けることを試みた。

結果

ここに，4名分の折れ線グラフを例として示す（図3-3）。

このように，個人によって正解率の推移はさまざまである。比較的高い正解率を保っている生徒，途中で落ち込む時期があるが最終回は8割以上正解している生徒，逆に途中で高い正解率だったにも関わらず落ち込んでいってしまう生徒，最初から最後まで中程度または低い正解率でとどまる生徒など，多様な結果が見られた。

しかし，「共通した動き」という観点から，似たもの同士をグループにすることを試みた。

最初に目についたのは，常に好成績を残している生徒たちだった。好成績を，ここでは正解率が60％以下に落ち込むことがなく，最終回でも80％以上の

正解率を得たと定義した。そのような生徒たちを「安定上位グループ」と呼ぶことにした。安定上位グループの生徒たちは、167名中11名だった。この安定上位グループの平均正解率をグラフにすると、図3-4のようになる。

　次に、少々アップダウンがあるものの、最終的には80％以上の正解率に到達した生徒たちがいた。途中で正解率が落ち込む時期もあるが、最終的には80％以上の正解率に達し、名詞句についての習得がある程度なされたと判断できるグループである。これらの生徒たちを、「追い上げグループ」と呼ぶことにした。追い上げグループの生徒たちは、167名中20名だった。

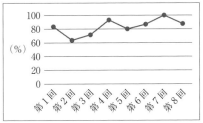
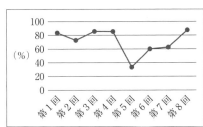
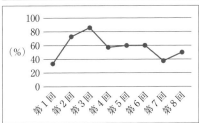
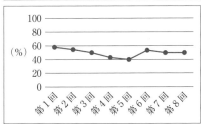

図3-3　正解率の推移（4名分の例）

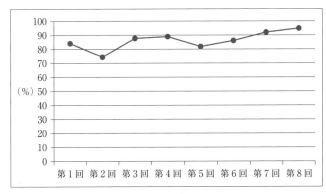

図3-4　「安定上位グループ」の平均正解率の推移

Part I

　次の図3-5は，追い上げグループ20名の平均正解率の推移である。最終的に88.2％に達しているが，途中にアップダウンがあり，特に第5回テストでは，グループの平均正解率が54.4％にまで落ち込んでいる。

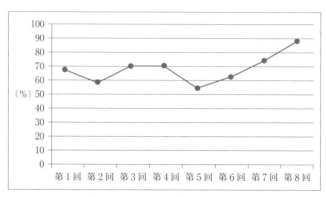

図3-5 「追い上げグループ」の平均正解率の推移

　上記二つのグループの生徒たちが，最終的には80％以上の正解率に達したのに対し，アップダウンを繰り返す生徒たち，あるいは常に正解率の低いままの生徒たちもいた。第2次調査においては，これらの生徒たちについて共通した特徴を見いだすことが難しく，（少々抵抗はあるが）「その他」と呼ばせてもらうことにした。動きについてのばらつきが大きいため，平均正解率はあえて求めなかった。

グループの特徴
① **安定上位グループ**
　安定上位グループに属するのは11名の生徒である。これらの生徒に共通しているのは，この研究のテストが高得点だったというだけではなく，筆者が担当していた普段の英語の授業においても「英語が得意な生徒」だったということである。学校の英語の成績は，ほぼ全員が3年間「評定5」だった。外部テストでの成績もよく，11名全てが英検を取得しており，その内訳は2級取得者が1名，準2級取得者が6名，3級取得者が4名であった。
　全体的に他教科でも学力の高い生徒が多いということも言える。このうちの1名の生徒は，第1回から第8回テストまで8回全てのテストで100％の正解

率であった。彼女は他教科も含めとても学力（＝学校での勉強・成績）が高く，また努力も惜しまない生徒であった。また，小学校の頃から地域の英会話教室に通っていたことが明らかな生徒が，この11名中3名含まれている[6]。

② 追い上げグループ

追い上げグループの生徒に共通した特徴は，学校の成績は中位から上位層であり，英語への興味や関心も比較的高いという点だろう。学校における定期テストでは平均点以上の成績であり，評定も4～5の生徒がほとんどだった。他教科の成績が必ずしも良い生徒ばかりではないが，学校での英語の成績については少しずつ伸びてきた生徒が多い。

外部テストにおける英語の成績も比較的良い方で，20名のうち18名が英検を取得している。その内訳は準2級取得者が2名，3級取得者が残り16名である。

このように，名詞句把握というごく限定的なものしか調べていないように見える本調査であるが，その結果は授業者の立場から見ても，生徒の総合的な英語力をよく反映していると感じられる。

---

[6] 本人の申し出等による。調査はしていないので他の生徒の状況については不明である。

Part I

コラム　印象に残る生徒たち

　第2次調査を3年間行った中で，印象的だった生徒が二人いる。

　一人は，全8回のテストを全て満点でクリアした生徒，Sさんである。彼女は全体的に学力も非常に高く，大変な努力家でもあった。3年間で取り組んだ英語の練習ノートは60冊近くにのぼった。指導していた中では「よく頑張って勉強しているし，成果も出ているなぁ」と感じていた生徒であった。そんな彼女が，実はごく初期の段階から英文の構造が「見えて」いたのかもしれない。

　ご覧になっていただければわかるように，本調査は通常のワークブックや問題集に出てくるものとはかなり異なる種類の問題を扱っている。「be 動詞を挿入する」「HN を挿入する」という問題には，生徒はお目にかかったことがないはずだ。

　そのようなタイプの問題全てを100％の正解率で乗り切ったSさん。彼女にとって，英文がどのように見えていたのかを，当時を振り返ってぜひ聞いてみたいところである。

　もう一人，印象に残るのは中2の3学期頃，「だんだん英語がわかるようになってきた！」と伝えてくれたYくんである。実際，英語の成績も徐々に伸びてきて，最終的には英検準2級を取得した生徒である。

　彼の正解率をグラフにしてみると次の図のようになる。「わかるようになった！」と実感した中2の3学期頃（第6回テスト）から，右肩上がりに正解率が上昇している結果は，大変に興味深い。

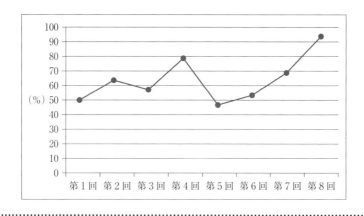

わかったこと 調査2 -6

名詞句を把握できるようになる一定のプロセスがありそうだ。
1 ThisIs 期
2 HN 直後期
3 上がり状態

その根拠

テスト問題と分析

　名詞句の習得は，どのようなプロセスを経て進んでいくのであろうか。このことを調べるため，最終的に名詞句のルールを習得したと思われる「安定上位グループ」の各テストにおける解答に着目してみた。特に，このグループがどのような時期にどのような誤答をしているのかに着目することで，その思考を推測できるのではないかと考えた[7]。

　当初は，途中からできるようになった「追い上げグループ」の解答の過程に着目して分析を進めていった。できない状態からできるようになったグループなのだから，習得のプロセスを見るには，彼らを分析するのが最適なのではないかと考えたからである。しかし分析を進めていくうちに，彼らの解答は曖昧性が高く，一定の傾向を見つけることが極めて難しいことがわかった。

　一方で「安定上位グループ」は，誤答の数は少ないものの，たとえ間違っていても彼らなりの「ルール[8]」に従って解答している様子が見て取れた。そこで，以下にその誤答を例とともに紹介する。

　まずは，安定上位グループ11名の問題形式ごとの正解率の平均を調べた。その結果が次ページの表3-6（p.66）である。

　このように，安定上位グループは，「内部構造問題」や「内部構造＋まとまり問題」では平均して90％以上の高い正解率（93.5％と92.5％）を得たもの

---

7) 誤り分析（error analysis）の重要性は古くから提唱されているが（Corder, 1967, 1974），現代においてもその考えは十分有効だと言える（Foster & Skehan, 1996; James, 1998; Ferris, 2002; Izumi, Uchimoto & Isahara, 2004）。

8) これを中間言語（interlanguage）（Selinker, 1972; Selinker & Rutherford, 1992）と呼ぶことができると考える。

の,「まとまり問題」の正解率（75.7%）が低い傾向があった。

表3-6 「安定上位グループ」の問題形式別の平均正解率

内部構造問題	まとまり問題	内部構造＋まとまり問題
93.5%	75.7%	92.5%

このため，ここで分析の対象とするのは「安定上位グループ」の,「まとまり問題」における「誤答」ということにした。

結果

初期の頃に見られるのは，ThisやWhichの直後にbe動詞を挿入してしまう誤りである。このように，馴染みのある単語のつながりに影響されるという傾向は，協力してくれた全ての生徒たちに顕著に見られたが，英語の得意な生徒に限った場合でも同様だった。第1回テスト（中1の2学期に実施）での誤答は，このようなものが多い。二つ例を示す。(網掛けが誤答，□囲みが正解)

This ・ beautiful ・ picture ・ very ・ nice. (is)
　ア 3名　　　イ 0名　　　ウ 8名　エ 0名

Which ・ red ・ pen ・ on ・ the table? (is)
　ア 6名　イ 0名　ウ 5名　エ 0名

「Thisとくればis」,「Whichとくればis」と判断している初期のこの段階を，【ThisIs期】と名付けた。安定上位グループ数名も，初期にはこの【ThisIs期】にいると考えられるが，回を経るごとにこのような誤答は減少していく。

そしてこの後,「最初に出てきた名詞（本調査の場合はそれが主要部名詞：HNにあたる）の後ろにbe動詞を挿入する」という傾向が顕著になってくる。第3回～第5回テストで出題されたbe動詞を挿入する問題は合計で16問あったが，そのうち安定上位グループの生徒が間違えた問題は，11問あった。さらに，その中の6問において，このような誤りが集中したのである。

この特徴的な時期を,【HN直後期】と名付けることにした。

この傾向は，第5回テスト（中2の3学期に実施）に顕著に現れる。後置修

飾を含む問題は4問あったのだが，1問を除き，その他の3問の誤答全てが「HN の後ろに be 動詞を挿入する」というものだった。第5回テストにおけるその3問を以下に抜粋する。(網掛けが誤答，□囲みが正解)

Many ・ animals ・ from ・ Africa ・ in ・ the zoo. (are)
　　ア 0 名　　イ 8 名　　ウ 0 名　　エ 3 名　オ 0 名
A nice ・ watch ・ for ・ Sam ・ on ・ the table. (is)
　　ア 0 名　　イ 6 名　　ウ 0 名　　エ 5 名　オ 0 名
Some ・ old ・ balls ・ to ・ play ・ tennis ・ in the box. (are)
　　ア 0 名 イ 0 名　ウ 4 名 エ 0 名 オ 0 名　カ 7 名

そして，この後の安定上位グループは徐々に誤答が減少していき，最終的に安定して正解を得られる状態に達したのである。これが【上がり状態】である。次に示す第7回テスト（中3の2学期に実施）の結果から，安定上位グループ11名が，ほぼ上がり状態に達していることがわかる。

A beautiful ・ woman ・ from ・ China ・ in ・ that car. (is)
　　ア 0 名　　　イ 2 名　　ウ 0 名　　エ 11名　オ 0 名

Many ・ new ・ words ・ in ・ the book ・ difficult for us. (are)
　　ア 0 名　　イ 0 名　　ウ 0 名 エ 0 名　　オ 11名

このように，初期の頃は馴染みのある単語の組み合わせに固執してしまう状態（【ThisIs 期】）であったのが，徐々に前置修飾はわかってきて，HN までをひとかたまりだと認識するようになり（【HN 直後期】），やがて後置修飾を含む名詞句全体が理解できるようになる。このように，生徒の理解が進んでいく一定の過程（プロセス）がありそうなことがわかった。

まとめ

　安定上位グループに見られた三つの段階と，それぞれに移行する時期をまとめると次のようになる。

Part I

1　ThisIs 期

行為：This is ～といった，前の単語と感覚的につながる場所に be 動詞を挿入する。

思考：前から単語を読んでいき，「聞いたことがある」というつながりができるとすぐに解答をする。挿入した be 動詞と，その後ろの単語が文法的につながるかどうかは考慮していない。センテンス全体を最後まで見たり，その構造を気にしてはいない。

時期：中 2 の前半頃まで続く。

2　HN 直後期

行為：最初に出てきた名詞（本調査の場合は主要部名詞：HN）の直後に be 動詞を挿入する。

思考：限定詞や形容詞が名詞にかかる（前置修飾する）ということはわかってきて，主語にあたる名詞は何か探せるようになってきた。しかし，後置修飾の理解が不十分で，該当する名詞（HN）が見つかると，すぐに本動詞を挿入してしまう。挿入した be 動詞の次の単語は前置詞か to 不定詞になっているのだが，それらの単語とのつながりを気にしているかは，ここではわからない。しかし，少なくともセンテンス全体を最後まで見たり，その構造を気にしてはいない。

時期：中 2 の後半頃から中 3 の前半頃まで。

3　上がり状態

行為：正しい位置に be 動詞を挿入することができる。

思考：英語には名詞を前から修飾する場合と，後ろから修飾する場合があるのだと理解する。そのため，名詞句のかたまりがどこまで続くのかを考えながら，センテンスを処理するようになっている。

時期：中 3 の半ば。

ついでに（1）

　ここでは，安定上位グループがいち早く移行する【HN 直後期】に着目したい。
　この時期の安定上位グループの生徒は，自分なりに「be 動詞は HN の直後にくる」，「HN までが一つのかたまりである」というルールを組み立て，それ

に従って，ある意味「自信を持って」誤りの選択肢を選んだのではないだろうか。誤りの安定性（？）からそう考えられる。

そうすると，この誤りがルールに従っている点，最終的に【上がり状態】に到達する安定上位グループもおかしている誤りだという点から，これは習得するにあたって避けて通れない，一種の「良い誤り」だとも考えられる。

これを信じるとすると，もし中学生がこのような誤りをしているのを見たときには，「将来有望」と期待することができる，一つの指標になるかもしれない。

ついでに（2）

【HN 直後期】や【上がり状態】に移行していくのは，英語のできる生徒（安定上位グループ）だけではない。全体的にも【ThisIs 期】から【HN 直後期】へ，そして【上がり状態】へと移行していく傾向は見られるのである。

以下は，第 8 回テスト（中 3 の 3 学期に実施）の結果である。（網掛けが選択率の高い誤答，□囲みが正解）

Some ・ people ・ from ・ Spain ・ in ・ our school. (are)
ア 4.9%　イ 62.5%　ウ 7.6%　エ 11.9%　オ 2.1%

Some ・ old ・ pictures ・ on ・ the wall ・ famous in Japan. (are)
ア 7.6%　イ 4.9%　ウ 31.9%　エ 4.9%　オ 50.7%

このように，生徒全体の解答状況を調べてみると，二つ目の例では【上がり状態】に達している生徒も 50.7% いることがわかる。一つ目の例のように，補部が前置詞句であるような問題では，まだ「最初に出てきた名詞（HN）の後ろに be 動詞を挿入する」という法則から離れることができず【HN 直後期】にとどまっているが，そうではない場合には少しずつ【上がり状態】に近づいていると考えられる。安定上位グループ・追い上げグループに属していない生徒たちも，この一定の段階を経て名詞句を理解するようになるのだと思われる。

ただ，本調査では安定上位グループ以外の生徒たち，つまり英語がそれほど得意なわけではない生徒たちが，いつ頃，どの段階に進むのかは明らかにできていない。これが今後の課題になり得るだろう。

3.4. 第2次調査の反省点

　本章で紹介した第2次調査は，中学生の名詞句把握の実態を知る上で，さらに多くの示唆をもたらしてくれた。その反面，改善すべきテストの問題点，さらには研究そのものが目指すべき方向性についても，いくつかの課題が明らかになった。反省点を挙げるとすると，大きく分けて以下の四つに整理される。

　　⑴　問題形式が意図通り機能していないようだ
　　⑵　名詞句の語数に一貫性がない
　　⑶　誰も選ばない錯乱肢がある
　　⑷　結果を解釈するための情報が不足している

3.4.1. 問題形式について

　1番目の問題形式については，この第2次調査では，大問1で名詞句の内部構造を問い，大問2で文中での名詞句のまとまりが把握できているかを問い，大問3でその両方を問うているつもりだった。その結果を見てみると，まず大問1については，平均正解率が全ての回においてとても高かった（93.5%）。天井効果（ceiling effect）を起こしていて，これでは「わかるようになっていく過程（習得のプロセス）」を見ることができていない。

　また，大問3は主要部名詞を適切な場所に入れる問題だが，既述したように，生徒たちは前後の単語とのつながりの自然さ，または不自然さを判断材料にして解答していたようだった。内部構造やまとまりの把握といった，こちらが意図していたことが見られなかった。

3.4.2. 名詞句の語数について

　本章では詳細は述べなかったが，第2次調査の結果を分析していく中で，名詞句を構成する単語の数が，センテンス中でのまとまりを把握することに影響を及ぼしている可能性が示唆された[9]。具体的には，中学2年生の段階では4語以上から成る名詞句の把握は難しく，中学3年生の段階で，4語程度の名詞句

9）詳細は「2009年度関東甲信越英語教育学会 埼玉研究大会」と「2010年度関東甲信越英語教育学会 つくば研究大会」で発表した。

の把握ができるようになってくるという、ゆるやかな向上が確認された。

　この調査で用いたテストでは、名詞句を構成する語数の厳密な調整は行っていなかった。テストの回数を経るごとに、1～2語程度ではあるが、徐々に語数を増やしていった。

　しかし、もし語数というものが名詞句把握に強く関連しているのであれば、「○語の名詞句は中学△年生には難しい」といったことも、併せて知りたいと考えた。そのようなことがわかる問題を採用しなければいけないという考えに至った。

3.4.3. 低選択率の錯乱肢について

　第2次調査では、選択率が極端に低い錯乱肢の傾向というものも明らかになった。それらは、たとえば以下のように「冠詞の後」や「人称代名詞の所有格の後」に本動詞 be を入れないということだった。

　　＊A [is] famous player ...
　　＊your [is] favorite ...

　選択率が低いということは、つまり a famous や your favorite は切り離せないものとして認識されており、もしかすると明示的ではないにしても冠詞や人称代名詞、格といった概念がかなり早い段階から構築されていることを示唆しているのかもしれない。したがって、「低選択率」に注目することは意義深いが、上記の二つのように「ここには初めから誰も入れない」ということがわかった箇所については、今後のテストでは選択肢を設けない方が望ましいということになった。

3.4.4. 結果を解釈するための情報不足について

　非常に難しい問題ではあるが、究極的には生徒の中で起こっている名詞句把握のプロセスを知りたいのだから、「なぜ」この選択肢を選んだのか、何を考え、どのような思考を経てこの解答に至ったのか、それを知るための情報が必要だと考えた。

　直接的に「なぜこの選択肢を選んだのですか？」と尋ねることが、中学生に対して適切だとは思えない。それならば、せめて生徒たちが名詞句をどのように捉えているのかを知りたいと考えた。特に、本章の中でもいくつか紹介した

が，生徒たちの誤答を見たとき，どうしてここを選択したのか，強くその理由を知りたいと感じた。

その一つの方法として，当該の英語を一体どういう意味だと捉えているのか，和訳をしてもらうことが良いのではないかという考えに至った。

以上の四点を踏まえ，より整備された新しいテストを作り，もう一度データを採りたいと考えた。それが本書のメインにあたる第3次調査になる。

> **コラム** 「返してくれ」とは言わない？
>
> 　第2次調査で対象となった生徒は，どちらかといえば勉強全般があまり得意ではなく，教師が「君たち，勉強しないねぇ」と優しく話しかけると，とても素直に「はい，私たち勉強しないんです」と笑顔で返してくるような子どもたちであった。
>
> 　そのせいか調査を実施した後も，「先生，あの時の結果はどうなりましたか？」と尋ねてくることはなかった。普段のテスト同様（？），結果を全く気にしていない様子であった。
>
> 　要望があれば答え合わせをしたり，解答用紙を返却したりすることも考えてはいたのだが，結果，3年間を通して「答え合わせしてください」という声もなく，解説をすることもなかった。
>
> 　勉強に対して無欲な（？）生徒たちだからこそ，テスト対策も解説もしないままであったが，もし名詞句の指導をしていたとしたら，どんな結果につながったのだろう。大変に素直な生徒たちだったので，もしかしたら名詞句の習得が進んだ可能性も……と，ふと思うことがある。

Part II
Billy's Test

第4章

Billy's Test の開発
~第3次調査~

4.1. 第2次調査からの変更点

　前章の終わりに記した反省を踏まえ，より整備された新しいテストを開発することにした。その特徴を列挙すると，以下の通りである。

(a) まとまりを把握する問題だけを問う
(b) 挿入させる本動詞は is だけにする
(c) 名詞句の語数を統制する
(d) 名詞句の構造タイプを統制する
(e) センテンスの補部構造を統制する
(f) 誰も選ばないと思われる錯乱肢を設けない
(g) 和訳問題を設ける
(h) 和訳問題には，挿入問題を解いた後に取りかかってもらうようにする
(i) 和訳問題を解いた後，挿入問題の解答を赤ペンで書き直すことができるようにする
(j) 和訳問題の「自信度」を記入してもらう
(k) 同一の問題を繰り返し解いてもらう

4.2. 困難点を特定するために

　前章で記した第2次調査の反省を基に新しいテストを開発しようと，われわれは多くの議論を重ねた。その中で特に重要だと考えたのは，名詞句の「何が

できないのか」，言い換えると「名詞句把握を困難にしているものは何か」ということだった。

　この議論は，すでに2回の調査を行ったことで，中学生にとっては「非常に基本的な構造の名詞句であっても，それを文中でまとまりとして特定することは難しい」ということが前提になっている。また，まとまり把握を困難にしていそうな要因も，いくつかは過去の調査の誤答分析から明らかになっていた[10]。また，改めて第2次調査の誤答を見直し，何が原因で名詞句把握ができないのか，それを明らかにするためのヒントを探った。

　そこから見えてきたのが，「名詞句の長さ」，「This is ～，Which is ～など，isと結びつきやすい語の存在」，「後置修飾が付いているということ」，そして「isの後に続く単語」といった要素だった。

　まず，われわれはこれらを「変数」と呼ぶことにした。議論の末，名詞句のまとまり把握を難しくしているのは，「名詞句の語数」という変数，「名詞句の構造」という変数，そして「センテンスの補部構造」という変数だと考えられた。そして，これらを反映したテスト問題を作ろうということになった。第3次調査に用いるテストということになる。

4.2.1. 名詞句の語数

　過去の調査から，中学生たちはほんの4語程度から成る名詞句でも，センテンス中にあるそのかたまりを見つけ出すことに苦労している様子がうかがえた。そこで，第3次調査においても最も少ない語数から成る名詞句から出題し，1単語ずつ負荷をかけていくのが適切だろうということになった。

　そうすると「2語」からスタートということになり，「3語」，「4語」，「5語」，「6語」……。一つのテストに出題できる問題数を勘案すると，6語が限界で，7語以上の名詞句を扱うことは諦めた。しかし，われわれは6語程度の名詞句でも十分難しいだろうと予測していた。

　具体的に各語数から成る名詞句は，以下のようなものである。

　　・2語（たとえば，this picture や which song）

---

[10] 詳細については，「2009年度関東甲信越英語教育学会 埼玉研究大会」，「2010年度関東甲信越英語教育学会 つくば研究大会」で発表した。

- 3語（たとえば，this tall man や which pink shirt）
- 4語（たとえば，this old blue cap や this small black cat）
- 5語（たとえば，the new DVD about Kyoto や the park to play baseball）
- 6語（たとえば，the big stadium in our city や the new bike to ride tomorrow）

4.2.2. 名詞句の構造

今回の調査では，結果を解釈しやすくするために，変数が同じ問題（共通タイプの問題）の数を複数設けたいと考えた。しかし，中学生が一定の集中力をもって受験できること，通常の英語の授業の合間に実施してもらうことを考慮すると，それほど多くすることはできない。そこで，過去2回の調査の結果から，誤りを誘発しやすいと思われる名詞句構造を限定的に選んだ。

それらは，以下の四つである。

- This で始まる名詞句（たとえば，This picture）
    → 「This タイプ」と呼ぶ
- Which で始まる名詞句（たとえば，Which song）
    → 「Which タイプ」と呼ぶ
- 前置詞句による後置修飾を含むもの（たとえば，the new DVD about Kyoto）
    → 「PP タイプ」と呼ぶ（PP = prepositional phrase）
- to 不定詞句による後置修飾を含むもの（たとえば，the park to play baseball）
    → 「to タイプ」と呼ぶ

「This タイプ」と「Which タイプ」は，それぞれ This is 〜，Which is 〜としてしまう誤りが多く見られたため，第3次調査でも採用した。PP タイプと to タイプは，日本語と異なる後置修飾タイプということで，やはり習得が難しいのではないかと考え，採用した。

4.2.3. センテンスの補部構造

　まとまりとして把握させる名詞句は，センテンス中で主語の役割を果たすもの（主語名詞句）に限定した。

　前回調査では，中学生たちはセンテンス全体を見渡しているわけではなく，前から単語を順に読んでいき，何となく動詞の収まりが良さそうなところ，単語と単語のつながりがあり得そうなところに本動詞を挿入している様子だった。つまり，局所的な視野にのみ基づいて解答していることが示唆された。

　ここでは，「センテンスを前から読んで，そして途中までしか見ていないか」あるいは「センテンス全体を見渡しているか」を推測できるように，主語名詞句のみを対象とすることにした。

　また，第2次調査の誤答を分析した結果，センテンスの補部（SVC文型のCにあたる部分）が何かによって，結果が異なるように思えた。具体的には，補部が名詞句または形容詞句（たとえば，This picture is very nice.）の方が，補部が前置詞句（たとえば，My new eraser is on the table.）よりも正解率が高い（易しい）ようだった。

　これはどういった理由のためか。is on 〜のように，be動詞と前置詞が続く並びに慣れていないのか。前者は属性や状態，同定を表す，いわゆる連結詞（copula）のbe動詞，後者はモノの存在を表すbe動詞と，語義が異なる。be動詞がある場合，「〜は…です」という訳語が用いられると生徒は理解している，実践を通してそう感じることは多いのではないだろうか。そうすると，この後者にあたるbe動詞が含まれる場合，センテンス中の主語名詞句の把握は一層難しくなるのか。

　これを明らかにするためにも，このセンテンスの補部構造という変数を採用することにした。以下の二つの場合があった。

・センテンスの補部が名詞句または形容詞句（たとえば，This picture is very beautiful.）
・センテンスの補部が前置詞句（たとえば，This chair is in my room.）

　上記の三つの変数を統制し，問題を作成した。三つの変数が全て共通している問題のことを，「共通タイプ問題」とした。

4.3. Billy's Test の問題構成

第3次調査で用いるテストは，2部構成にすることに決めた。

4.3.1. is 挿入問題

第1部は，英文の中の適切な場所に，be動詞を挿入する問題である。この際に用いる be 動詞は，全て is にすることにした。前項のように変数を統制したので，それ以外の箇所についても可能な限り統一されていた方が望ましいと考えた。この第1部は，前回調査においては「まとまり問題」と呼ばれていたものと一致する。

4.3.2. 和訳問題

第2部は，is を挿入して完成させた英語センテンスの「和訳」をさせる問題から成る。これまでの調査で，生徒はさまざまな誤答をしたり，時には特定の誤答に選択が集中したりしたが，そのような解答を見るにつけ，「これをどういう意味だと思っているのか？」ということが疑問に思えた。たとえば，第1次調査，第2次調査とも以下のような誤りが多く見られた。

　　*Which do you like sport?
　　（正しくは，Which sport do you like?）

このような誤りは，中学校の英語授業においては頻繁に（？）見られるものではないだろうか。そして，生徒たちはこの英文がどのような意味だと理解しているのか。「あなたは，どんなスポーツが好きですか？」以外はあり得ないように思われるが，それではなぜ「どんなスポーツ」= Which sport ではないのか。

英語の「構造」と，生徒が理解しているその「意味」のすり合わせを行えば，生徒のどのような思考によってその英語が作られたのか，それを推測することができるのではないかと考えた。

和訳問題は，is 挿入問題を解き終わってから取りかかってほしいと考えた。まずは英文だけを見て，その構造へ意識を向けて解答をし，でき上がった英文と向き合ってほしいと考えた。

そのため，is 挿入問題→和訳問題という順番が守られるように，和訳問題は

テスト用紙配布時には糊づけされた紙で隠されており，is 挿入問題を全て解いた後，その糊づけされた紙を破り（雑誌の袋とじを破るように），和訳問題に取り組んでもらうという工夫をした。

和訳にあたっては，単語の意味がわからなくて答えられないということを避けるために，ほとんどの単語に注釈が付けられていた。

また，和訳をしたことによって，is を挿入した位置を変更したいと思ったときにはそれを許可した。その際は，変更したことがわかるように，赤ペンで解答を変更するようにしてもらった。

さらに，でき上がった和訳に対する「自信度」を記してもらった。これに関しては，特定の分析をする強い意図は持っていなかったが，このことによって，生徒たちの問題に取り組む真剣な姿勢が維持されると期待した。

ちなみに，和訳問題は糊づけされていた紙に隠されていて，それをビリビリと剥がすことから，「ビリッとするテスト」→ Billy's Test と命名された！[11]

4.3.3. 同一問題

この第3次調査では，名詞句の変数や用いる単語が全く同じ，「同一問題」を繰り返し受けてもらおうと考え，それを実践した。

これまでの調査では，「生徒たちの英語力が上がっているのかも知れないが，それと同時に与える問題も難しくなっているので，本当の向上の具合がよくわからない」という反省があった。それを解決するには，一定の期間を空けた上で，同一の問題を解いてもらうことが最も良いと考えた。

具体的には，第1回テスト（中1の2学期に実施）と同一の問題を，第5回テスト（中2の3学期に実施），第8回テスト（中3の3学期に実施）に含めた。

> **コラム　テスト問題を作るときに**
>
> テスト問題を作る際，生徒がすでに知っている単語を使用した。そのため，テストを作成する前に授業担当者に教科書のどこまで進むかを確認して，教科書の単語リストを参考にした。問題文の候補が多い方が良いと思い，担当二人がそれぞれ自宅で作成し，その後全員で確認するという作業を行ったのだが，二人が作成した問題文がほぼ一緒という事態がたびたび起こった。

---

[11] 他にも由来があったかもしれないが，今はメンバーの誰も覚えていない。

たとえば，最新のとある 1 年生の教科書では，blue という新出単語は教科書本文外の 3 学期頃に習うであろうページにある。blue という単語はきっとこれまで聞いたことはあるだろう。しかし，スペルアウトされてわかるかというとその確信は持てないし，「すでに皆が知っている」単語として扱うことには抵抗があった。他にも pretty という単語は blue よりも後ろのページに載っていた。1 年次の最後に習うので，この教科書を基準にすると，pretty は 2 年生のテストまで使用できないということになる。

名詞句を作成するにあたり，名詞と形容詞をどうしてもたくさん使う必要があった。また，同じテスト回で同一の単語が出るのも避けたかった。しかし，特に 1 年生時のテストにおいては知らないであろう単語があまりにも多すぎて，作成にはとても苦労した。

4.4. テスト ～Billy's Test のサンプル～

こうして完成したテストが右ページの図 4-1 の通りである（全 8 回分のテストは巻末に収録されているので，ぜひ活用していただきたい。なお，このデータは三省堂のウェブサイトからも入手できる。URL：http://tb.sanseido.co.jp/english/books/class/en_billy.html）。生徒たちはまず，左側の is を挿入する問題を全て解き，その解答が終わったら右側の和訳問題に取りかかった。

前述の通り，右半分は予め糊づけされており，左側の解答が終わったらそれをビリビリと剥がして解答をしてもらった（p.83，図 4-2）。

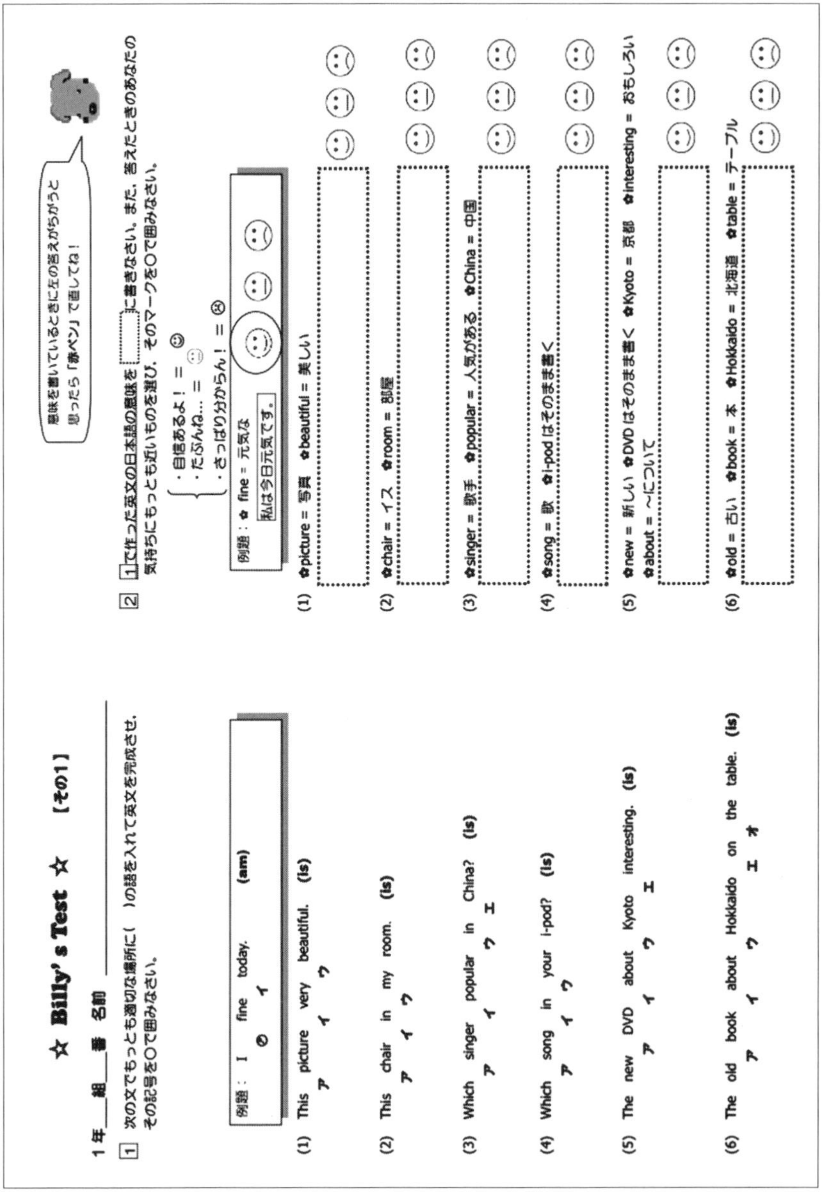

☆ **Billy' s Test** ☆　【その１】

１年＿組＿番　名前 ＿＿＿＿＿＿＿＿＿＿

1 次の文でもっとも適切な場所に（　）の語を入れて英文を完成させ，その記号を○で囲みなさい。

例題： I ㋐ fine イ today. (am)

(1) This ア picture イ very ウ beautiful. (is)

(2) This ア chair イ in ウ my room. (is)

(3) Which ア singer イ popular ウ in エ China? (is)

(4) Which ア song イ in ウ your i-pod? (is)

(5) The new ア DVD イ about ウ Kyoto エ interesting. (is)

(6) The old ア book イ about ウ Hokkaido on the エ table. オ (is)

2 1で作った英文の日本語の意味を［　　］に書きなさい。また，答えたときのあなたの気持ちにもっとも近いものを選び，そのマークを○で囲みなさい。

・自信あるよ！ = ☺
・たぶんね… = 😐
・さっぱり分からん！ = ☹

例題：✿ fine = 元気な　［私は今日元気です。］ (☺) 😐 ☹

(1) ✿picture = 写真　✿beautiful = 美しい　［　　］ ☺ 😐 ☹

(2) ✿chair = イス　✿room = 部屋　［　　］ ☺ 😐 ☹

(3) ✿singer = 歌手　✿popular = 人気がある　✿China = 中国　［　　］ ☺ 😐 ☹

(4) ✿song = 歌　✿i-pod はそのまま書く　［　　］ ☺ 😐 ☹

(5) ✿new = 新しい　✿DVD はそのまま書く　✿Kyoto = 京都　✿interesting = おもしろい　✿about = ～について　［　　］ ☺ 😐 ☹

(6) ✿old = 古い　✿book = 本　✿Hokkaido = 北海道　✿table = テーブル　［　　］ ☺ 😐 ☹

図４－１　Billy's Test のサンプル

コラム　飽きさせない工夫①

　3年間同じ形式のテストを解いてもらうので「またか」という気持ちにさせるのは避けたかった。そこで、その一つの工夫がキャラクター作成である。この右のキャラクターは、「ビリケン（ビリ犬）」と名付けた。理由はテストを「ビリビリ」剥がすことと、研究メンバーに金谷「憲」先生がいたからだ。このビリケンは、時々サンタクロースの帽子をかぶってみたり、三色団子を持っていたり……と季節感を意識して登場した。

コラム　飽きさせない工夫②

　飽きさせないためにもう一つの工夫があった。それは「おみくじ」である。このおみくじはビリビリと剥がすことによって現れる。今までのテストにはなかったビリビリと剥がすことを楽しんでほしい、そして後半の日本語訳も頑張ってほしい、そんな気持ちで作られた。

いちばん使われたのが健康運・勉強運・恋愛運を星五つで表現したものだった。印刷するのに骨が折れたが、できるだけ星が一つのものは減らしつつ、三つの運と五つの星を組み合わせた15種類のおみくじを一回のテストで入れた。
　しかし、徐々に飽きてくるのではないかと思い、途中にはラッキーカラー・ラッキーパーソン・ラッキープレイスといったものに変更し、手書きでそれを書いたこともあった。ラッキーパーソンではテストをより身近に感じてほしいので、英語の先生や校長先生、担任、親などと書いた。このときは、ほぼ全員が違うことが書かれたテストを手にしたと思う。受験期にはこのおみくじで過敏に反応する生徒がいるかもしれないことを考え、落ち込んだりすることのないように、星の数を最大10個に増やし、5個以下はほとんどないものを作った。
　今思うと、実はとても気を遣ったおみくじ。生徒はどのように思っていたのかあまりわからない。だが、テストをするたびに心の中で「くすっ」と笑っていてくれたなら嬉しいものだ。

第 4 章　Billy's Test の開発

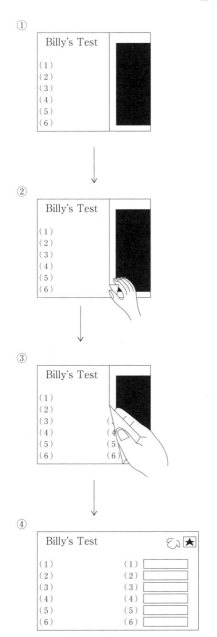

図 4-2　Billy's Test をビリビリと剥がしている様子

コラム　快適なビリビリを求めて…

　第3次調査のBilly's Testでの特徴の一つが，右半分の日本語訳問題を隠すために4分の1ほどを折り返し，ノリで貼ってあることである（p.83，図4-2）。これは貼って剥がすことができる粘着の弱いノリを採用している。しかし，このビリビリできるBilly's Testを完成させるまでに，インターネットで調べるのはもちろんのこと，100円ショップから大手文房具店まであらゆる場所を巡り，快適なビリビリを求めて旅をしなければならなかった。

　最終的に，四つのノリが候補にあがった。

　A社のノリは高くないが，ペンタイプのもので，しっかり塗るのに何度もペン先を紙上で往復させなければならなかった。量も少なく，結局，割高になることがわかった。

　B社のノリはスティックタイプで，ノリの色が変わってから貼ると，貼って剥がせる程度の粘着力になるものだった。しかし，これは練習が必要で，タイミングを一歩間違うとテスト用紙がビリビリになってしまうほど貼りついてしまい，美しくなかった。そして，一度剥がすと二度とくっつかないので，そのテストがどれくらいの粘着力かわからないまま発送しなければならず，断念した。

　C社のノリはテープタイプだった。これまでに比べてノリをつけやすく，作成者としては快適に作業ができた。しかし高い。一度に100枚をノリづけすることを考えると，実用性に欠けていた。

　そして，最終的にたどり着いたのがD社のノリだった。何度剥がしても再び貼ることができる。値段もそこまで高くはない。スティックタイプで塗りやすい。開いても紙が破れることはほとんどなく，多少手につくわずらわしさがあるものの，粘着力が弱いので許容範囲だった。

　やっと出会った！その時の喜びは忘れない。

第5章

Billy's Test を実施する

5.1. 学校・生徒について

 第3次調査を行ったのは，第1次調査，第2次調査とは異なる公立中学校だった。1学年50名，2クラスの小規模校である。2010年度（1年次）は2クラスとも一斉授業を行い，一人の教員が英語の授業を担当した。2011年度および2012年度は，他の教員が主担当となり，少人数指導を行っている。少人数指導では，課題をクリアした生徒が自身で難易度が異なる発展コースまたは基礎コースを選択するというものであった。毎時間5～10名の生徒が発展コースを選択した。英語の授業は2010年度，2011年度は週3時間，2012年度は週4時間と，標準的な時数で行っていた。また，このうち1時間はALTとのTeam Teachingだった。少人数指導を行ってからは，ALTとのTeam Teachingは基礎コースで行った。

 学校の特徴としては，生徒指導上の課題を抱えていた時期もあったが，調査対象の生徒が入学した当時は，落ち着いた雰囲気の中でさまざまな教育活動が行われていた。近隣小学校との小中一貫教育が進められており，当時は一貫教育に向けての教育活動が本格的に始められた時期であった。

 第3次調査の対象となった学年の特徴としては，素直な生徒が多く，全体として明るく，行事などさまざまな活動に積極的に取り組める生徒が多かった。学習面については，入学当初はなかなか授業に集中して取り組めない生徒も見られたが，学年が進むにつれて，全体として前向きに学習に取り組めるようになった。しかし，自信の持てない生徒が多く，英語の少人数授業でも，発展コースを選択できる程度の学力がありながら，基礎コースを選択する生徒が多く見られた。

Part Ⅱ

　当時は，小学校での外国語活動が導入される移行期であった。本調査の対象となった生徒は，小学校6年生のときに，週1時間の外国語活動の授業が行われていた。教材は，当時文部科学省から配布されていた『英語ノート1』を使用し，授業は担任の先生とALTとのTeam Teachingが主として行われていた。しかし，小学校へのALTの勤務体系が不定期だったため，毎時間Team Teachingが行われるという状況ではなかった。小学校での外国語活動の影響からか，中学校入学時点で音声としての既知単語数は，それ以前の生徒と比べると多かった。また，簡単な教室英語を用いた英語での指示にもスムーズに従うことができていた。ただし，外国語活動が学力面で大きな影響があったという様子は感じられなかった。

　中学校3年生修了段階での英語検定取得状況は，3級4名，4級2名，5級1名であった。

5.2. 全8回のテスト実施時期

　第3次調査であるBilly's Testは全8回行われている。それぞれの実施時期については，次の表5-1の通りである。

表5-1　Billy's Test（第3次調査）の実施時期と受験者数

テスト	実施時期	学年・学期	受験人数
第1回	2010年11月	1年2学期	46名
第2回	2011年3月	1年3学期	47名
第3回	2011年7月	2年1学期	48名
第4回	2011年12月	2年2学期	49名
第5回	2012年3月	2年3学期	45名
第6回	2012年7月	3年1学期	43名
第7回	2012年12月	3年2学期	47名
第8回	2013年3月	3年3学期	47名

5.3. テストの実施方法

5.3.1. テストの構成

　Billy's Test は,「その1」「その2」の2部からなり, 各回とも連続する2日に分けて実施した。

　また, テストはbe動詞挿入問題と和訳問題とで構成されており, be動詞挿入問題を終えた生徒から, テスト用紙の右側を剥がし, 和訳問題に取り組むことになっている。和訳問題の欄には, 必要な単語の注釈が載せてある。生徒は, この和訳問題を終えて, be動詞挿入問題に戻って自分の解答を書き換えることが許されている。ただ, その際に, 和訳を見てから直したことがわかるようにするため, 戻ってから修正した答えについては赤ペンで記入することになっている。

5.3.2. テストの実施

　テストは全て英語の授業中に実施した。対象となった学年は2クラスだったため, 両クラスで授業がある日に実施した。テストの実施時間は, 12～15分で, 問題数により調整した。各回のテストを2日に分けて実施したので, 1回のテストに25分程度を費したことになる。

　テスト監督は, 授業者が行った。テストの和訳問題には単語の注釈を載せていたが, 生徒から質問があった場合には, それに答えていた。また, テストの実施に当たり, 学校の成績には直接関係ないものであるが, 自身の英語の力を見るものであるというアナウンスを初回に行った。生徒たちは, 常に真剣に取り組んでいるように見えた。

　授業内での実施ということもあり, 当日欠席の生徒に対して後日行うことが難しかったため, 全てのテストについて全員の解答を得られたわけではない。また, 2回に分けて実施しているため, 各回のうち「その1」または「その2」のみ受けたという生徒もいた。

Part Ⅱ

> **コラム** ただ今 Billy's Test 実施中
>
> 　全8回のテストを同一生徒に3年間行い，経年変化を追う。この研究プロジェクトに参加しなければ，経験できなかっただろう。小規模校のため，協力生徒は全員で50名。3年間，全8回のテストを受験できたのは34名だった。
>
> 　1年次は，全ての生徒をソロで担当していたため，日程の調整もスムーズに行うことができた。それでも，それぞれの回のテストを2回に分けて行うと，4時間分の授業を調整することになる。テストを計画する時間は「頼むから欠席するな」と願うばかり……。2年次からは，授業担当のメインが変わり，テストのことを理解してもらうことから始まった。加えて，少人数で授業を組み立てたために，日程調整はさらに難しくなった。冬の時期のテストでは，インフルエンザの流行もあり，もともと少ない生徒たちの数がさらに減っていく。さらに転出する生徒も……。協力校として引き受けたはいいものの，十分なデータが取れるのか，そんなことも気になっていた。
>
> 　Billy's Test の「ビリビリ」は，実は生徒たちに大好評。テストを始めて数分すると，be 動詞挿入問題を終えた生徒からビリビリ……。そして，一通りテストを終えて，見直しを終えた生徒は，時間が終わるまで飽きずに，貼っては剥がしをくり返していた。そして時々，剥がすのに失敗した生徒が気まずそうに手を挙げる。
>
> 　定期テストでは決してできない経験ができた。高校受験が終わった時期も含め，毎回一生懸命にテストに取り組んでくれた生徒たちには，感謝している。卒業後に訪ねてくれる彼らが時々「はがすのやったよねぇ」と話しているのを聞くと，彼らにもインパクトのあるテストだったのかと思う。

5.4. 採点方法

　データは全て表計算ソフトにまとめられた。入力する内容は，全協力者の氏名・問題番号・変数（語数・構造・補部タイプ）・解答した選択肢・選択肢の正誤判定・日本語訳・日本語訳の正誤判定とした。

　日本語訳の採点に関しては，文全体が訳されていなくても，名詞句の固まりを理解できていると判別できる和訳や，情景が英文と合っている場合は正解とした。まず「名詞句のかたまりができている」についてだが，たとえば This big room in my house is clean. の場合 big が訳されていなくても正解としたが，「これは私の家のきれいで大きい部屋です」のように，this を主語と捉えているような場合は，this big room in my house を一つの名詞句としてみなし

ていないと考え，不正解にした。日本語訳の採点にあたっては，できるだけ主観や先入観を避けるため，全8回のデータを第1回からではなくランダムに取り上げ，生徒の名前やbe動詞挿入の解答などを見ないで行った。

　日本語訳の採点後，挿入問題・和訳ともにできている場合は1，挿入問題のみできている場合は2，和訳のみができている場合は3，そしてどちらも不正解の場合には4という番号が付与された。それにより，それぞれの正解／不正解パターンを後で集計し，正解率や「真の正解率」(p.14) を求めた。

5.5. 指導とフィードバック

5.5.1. 指導について

　本調査の対象となった生徒たちの受けた授業において，特別に名詞句についての指導等は行っていない。教科書の英文の中で後置修飾を含む名詞句があるときに，「日本語と違って後ろからモノを説明するのは英語の特徴である」ということに触れ，簡単な説明をすることはあった。

　授業では検定教科書を使用し，教育課程も学校独自のものではなく，一般的な授業時数で行った。2010年度と2011年度は週3時間，2012年度は週4時間だった。ただし，前述の通り，2011年度と2012年度については，少人数指導を行った。

5.5.2. フィードバックについて

　生徒へのテスト用紙の返却は，各テスト終了ごとには行わなかった。よって，生徒はそれ以前に受けたテストの正解や自分の正答率を知らされず，次のテストを受けた。また，テストの結果分析を受けての特別な指導や解説も，全体に対して行うことはしなかった。最終的に全8回分の解答用紙は，生徒の卒業時に，それぞれの生徒の正答率の推移に対する短いコメントと共に返却された。

第6章

Billy's Test でわかったこと

　一連の研究の（一応の）集大成とも言える第3次調査の結果は，これまでよりも詳細に紹介したい。

　まずは Billy's Test の結果の全体的な傾向を示す（6.1）。次に，この第3次調査の特徴でもある「同一問題」の結果を示す（6.2）。そして，名詞句の把握を困難にしている要因の特定を試みる（6.3）。続いて，第2次調査同様，同じ習得プロセスを辿っていそうな生徒たちのグループ化を試みる（6.4）。最後に，得られた結果から，中学生がセンテンスの主語にあたる名詞句をどのように把握できるようになっていくのか，その過程についてのわれわれが考える仮説を紹介する（6.5）。

6.1. 中学生の名詞句習得の状況

かったこと

> 調査3-1. 第1次調査・第2次調査同様，比較的単純な構造の名詞句であっても，中学3年間を通してきちんと習得できるわけではない。その理解度は，半分程度に留まる。
>
> 調査3-2. 第1次調査・第2次調査同様，句の理解は，できたりできなかったりを繰り返す。
>
> 調査3-3. 中学3年生になると，句の理解について，大きな向上が見られなくなってしまう。

第6章 Billy's Test でわかったこと

> 調査3 -4．中学1年生から3年生にかけて，中間層にのみ向上が見られる。
>
> 調査3 -5．英文の構造はわかっていても，その意味はわかっていなかったということがしばしばある。

わかったこと 調査3 -1

> 第1次調査・第2次調査同様，比較的単純な構造の名詞句であっても，中学3年間を通してきちんと習得できるわけではない。その理解度は，半分程度に留まる。

その根拠

テスト問題と分析

第3次調査でもこれまで同様，同一の中学生たち（およそ50名）に対し，彼らが1年生の2学期時点から卒業間際にかけて，全8回のテストを実施した。実施時期とテストの問題形式については，前章をご参照いただきたい。

まずは全体の傾向を見るために，それぞれのテストにおける平均正解率を求めた。

結果

得られた結果は，下の表6-1の通りである。

表6-1　テスト全体の平均正解率（第3次調査）

第1回	第2回	第3回	第4回	第5回	第6回	第7回	第8回
26.8%	39.2%	39.9%	45.0%	40.9%	50.9%	49.2%	49.9%

第1次調査，第2次調査同様，正解率は決して高くなく，中学卒業直前の第8回テストにおいても49.9%だった。第6回テストでかろうじて50%を超えたが，それ以降，正解率の上昇は見られなかった。

解釈

中学卒業時であっても正解率が約50％程度（49.9％）ということから、「中学生たちが名詞句構造を十分に習得できている」とは決して言えない。特に、詳細は後ほど述べるが、第1回テスト、第5回テスト、第8回テストでは同一の問題が大半を占めていた。また、使われている単語も既習のもので、さらにその注釈（日本語訳）もテスト問題用紙に書かれていた。このことから、生徒たちは純粋に（？）名詞句の習得につまずいていると考えられる。

以下、その解答の様子をさらに詳しく見ていくことにする。

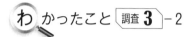

わかったこと 調査3-2

> 第1次調査・第2次調査同様、句の理解は、できたりできなかったりを繰り返す。

その根拠

テスト問題と分析

全8回分のテストの推移を見るために、全体の平均正解率を求め、結果を折れ線グラフで確認した。

結果

結果を折れ線グラフで示すと、右ページの図6-1のようになる。

このグラフを見ると、第1回テスト（26.8％）から第4回テスト（45.0％）にかけて正解率が上がっている。よく見ると、第1回テストから第2回テストでは大きく上昇（26.8％→39.2％）、第2回テストから第3回テストではほとんど変わらず（39.2％→39.9％）、第3回テストから第4回テストにかけてわずかに上昇している（39.9％→45.0％）。第5回テスト（40.9％）で下がり、第6回テスト（50.9％）で上がり、全体を通してアップ→ダウン→アップが見られる。

第6章 Billy's Test でわかったこと

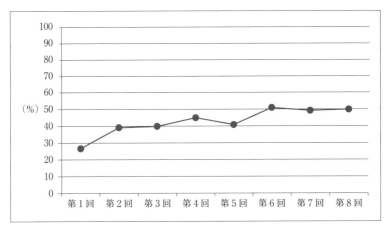

図6-1 テスト全体の平均正解率（第3次調査）

解釈

　以上の結果から，英語における名詞句把握度はアップダウンを繰り返しながら緩やかに上昇していくようである。これは第1次調査，第2次調査と同様の傾向である。本調査においても，第5回テストで正解率がダウンしている。

　これは，第5回テストで to 不定詞による後置修飾を問題に追加したことが原因として考えられるかもしれない。しかし第5回テストで，既出の名詞句構造（This タイプ，Which タイプ，PP タイプ）の正解率が43.3％，to タイプの正解率が36.1％ということを考えると，to 不定詞の追加のみが原因とは言い切れないだろう。

　その他の理由として，中2の後半では不定詞，動名詞，比較級など，重要かつ中学生にとっては難しい文法事項が次々に導入されることが考えられる。さまざまな文法事項が導入されることで，生徒の頭の中で混乱が起こり，英語名詞句を把握できる余裕がある状態に至っていないのかもしれない。

わかったこと 調査3 - 3

中学3年生になると，句の理解について，大きな向上が見られなくなってしまう。

その根拠

テスト問題と分析

全体の平均正解率を示した折れ線グラフ（p.93, 図6-1）を視点を変えて見た。

結果

第6回〜第8回テストに注目したい。第5回テストで正解率が下がった後（40.9%），第6回テストで上昇しているが（50.9%），その後は第8回テストまで大きな変化は見られず，ほぼ横ばいである（50.9%→49.2%→49.9%）。

解釈

第6回テスト（中3の1学期に実施）で正解率が50%に達するも，その後卒業間近の第8回テスト（中3の3学期に実施）までほとんど変化がない。なぜ中3の初め以降，横ばいになってしまうのか。

原因の一つとして考えられるのは，正解率が上がっていく生徒もいる反面，下がっていく生徒もいることだ。実際に生徒個別の正解率推移を見ると，順調に上がっていく生徒もいる反面，ほぼ横ばいの生徒や，むしろ下がっていく生徒もいた。個別の生徒たちの推移については，後の本章6.4で詳述する。

わかったこと 調査3 - 4

中学1年生から3年生にかけて，中間層にのみ向上が見られる。

その根拠

テスト問題と分析

集団としての傾向をさらに探るため，全8回のテスト結果の記述統計量を求

めた。まず，受験した生徒の人数，平均正解率，正解率の最高値，正解率の最低値，および標準偏差を出した。次に，各テストを受験した個々の生徒の正解率を，分布図で表した。それによって，この生徒たちが集団としてどのような動きをしているのかが見えやすくなると考えた。

結果

記述統計量について得られた結果は，次の表6-2[12]の通りである。

表6-2 各テストにおける記述統計量

テスト	対象人数	平均正解率	最高正解率	最低正解率	標準偏差
第1回	46名	26.8%	83%	0%	0.17
第2回	47名	39.2%	100%	0%	0.25
第3回	48名	39.9%	100%	0%	0.27
第4回	49名	45.0%	100%	7%	0.23
第5回	45名	40.9%	100%	0%	0.22
第6回	43名	50.9%	100%	6%	0.22
第7回	47名	49.2%	100%	0%	0.27
第8回	47名	49.9%	100%	0%	0.28

この表について，以下三つのことに注目したい。

(1) 第2回テスト（中1の3学期に実施）で最高正解率100%，つまり全問正解の生徒が出現した。そしてそれ以降のテストでも，100%は出続けている。これは同一の生徒によるものだが，詳細については本章6.4で述べる。
(2) 最低正解率について，第8回テスト（中3の3学期に実施）においても0%の生徒がいた。これは必ずしも同一の生徒ではなく，正解率0%を取ってしまう生徒が複数人いた。これについても，本章6.4で詳述する。

---

12) 1回のテストは2日間に分けて実施されているが，今回のデータはどちらか一方でも欠席した生徒の情報は排除されている。

(3) テスト開始時期から終了時期にかけて，生徒間の正解率のばらつきが大きくなっている。得点のばらつきを見る標準偏差（standard deviation: SD）によると，第1回テストでは0.17，第8回テストでは0.28と，値が大きくなっている。

　ここでは特に(3)に着目したい。次の図6-2内の点は，生徒個人を表している。第1回テストの○で囲っている箇所を見ると，生徒たちは団子のような状態でかたまっていた。それがテスト回を経るごとに，なだらかな線となって連なっていく様子がわかる。

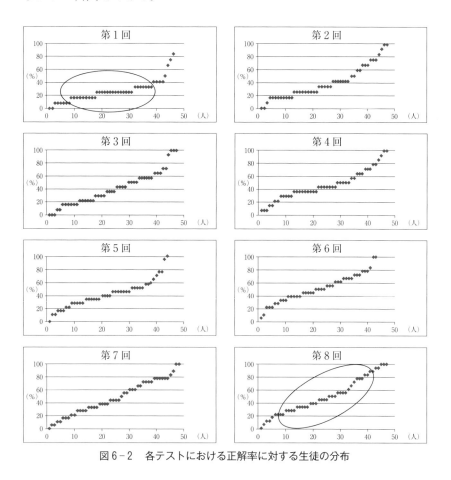

図6-2　各テストにおける正解率に対する生徒の分布

名詞句把握において最初は同じような度合いだったが，学年が上がるにつれて，それがばらついていく。生徒間の個人差が大きくなり，それぞれが「自分のポジション」に収まり，中学卒業を迎えるようだ。

解釈

本来，中学生が，3年間を通して英文法についての理解を深めていく理想的な過程は，次の図6-3のようなものであるはずだ。初めは低い位置に多くの生徒が固まっているのは仕方がない。できる生徒とできない生徒がそれぞれいることも仕方がないだろう。しかし，時間を経るごとに「全体」が高い位置に移動していくことを，われわれは常に期待している。

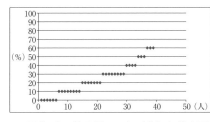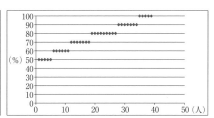

図6-3　第1回テスト（左）と第8回テスト（右）の理想とされる生徒の分布

全8回テストの分布図（図6-2）を見ると，残念ながら全体が向上しているとは言えない。もともと第1回テストにおいて高い位置にいた生徒たちは，おそらくその状態を維持し，低い位置にいた生徒たちもまた，そのままの位置にとどまることが予想される。

では，第1回テストから第8回テストにかけて，誰が変わっていったのかというと，それは中間層に位置している生徒たちのようだ。彼らは当初，団子状にかたまっているが，徐々にその位置がばらついていくことがわかる。

わずかずつではあるが，テスト全体の平均正解率が上がっていくのは（p.95，表6-2を参照），この中間層の生徒たちが要因になっていると思われる。

では，中間層の生徒が第1回テストから第8回テストにかけて正解率を上げても，上位にまで到達しないのはなぜか。それは，「習得が進まないのはなぜか」という，ある種究極的な問いである。

ここでは二つの可能性を指摘したい。一つは，「何だか聞いたことがあるぞ」という英語のイメージに頼っているため，もう一つは，「こう訳せば意味

が通るぞ」というカジュアルな（？）日本語訳に頼っているためである。
　まず，前者の誤答を例に出したい。本書においてはすでにお馴染みになった（？）以下のような解答である。

　　＊This [is] picture beautiful.
　　（正しくは，This picture [is] beautiful.）

　生徒たちは This とくればすぐその直後に is を挿入してしまう。この「This の引力」は非常に強く，これからなかなか逃れられない生徒が多数いるようだ。
　後者については，以下のような前置詞句による後置修飾を伴う（PPタイプ）名詞句に対する誤答が，例として挙げられる。

　　＊The old [is] book about Hokkaido on the table.
　　＊The old book [is] about Hokkaido on the table.
　　（正しくは，The old book about Hokkaido [is] on the table.）

　1番目の文の誤答については，「その古い[のは]北海道についての本で，テーブルの上にある」と考えている可能性がある[13]。また，2番目の文については，「その古い本[は]北海道についてで，テーブルの上にある」と考えている可能性がある（または，The old book is about Hokkaido までが自然なつながりだ，と印象的に判断した可能性もある）。
　あくまでも，誤答からわれわれが推測することに過ぎないが，この「英単語のつながりは聞いたことがあるぞ」ということに頼っている状態と，「何とか日本語にできてしまうぞ」ということに頼っている状態から，なかなか脱却できず，真の英語ルールの習得に進めない生徒たちが，一定数いると思われる。

---

[13] 実際にこの誤答をした生徒の和訳は，「テーブルの上にある古いのは北海道についての本です」だった。

第6章　Billy's Test でわかったこと

わかったこと　調査3 -5

> 英文の構造はわかっていても，その意味はわかっていなかったということがしばしばある。

その根拠

テスト問題と分析

第3次調査で使用した Billy's Test では，英文の適切な場所に is を挿入してもらった後，隣のページの目隠しをビリビリと剥がし，完成した英文に対する日本語訳を書いてもらうことも求めた。本動詞 is を適切な場所に挿入でき，なおかつ正しい日本語訳も書けた場合，その英文の主語にあたる名詞句を「真に」理解していると考えた。

ここでは，is 挿入問題と日本語訳の両方を正解した場合を「真の正解」と名付けた。それぞれのテストでの，「真の正解率」を求めた。

結果

得られた結果は，下の表6-3の通りである。

表6-3　テスト全体の真の平均正解率

第1回	第2回	第3回	第4回	第5回	第6回	第7回	第8回
8.2%	19.6%	22.6%	26.7%	18.3%	29.9%	33.0%	33.0%

全体を通して，is 挿入問題だけの平均正解率（p.91, 表6-1）よりも低いことがわかる。特に，第8回テスト（中3の3学期に実施）では，is 挿入問題の正解率が49.9%だったのに対し，上の表の通り「真の正解率」は33.0%にまで下がってしまう。

併せて図6-4（p.100）もご参照いただきたい。is 挿入問題のみの平均正解率と，真の平均正解率を折れ線グラフにして，併記したものだ。

このグラフから，挿入問題と真の正解率は，第1回テストから第8回テストにかけて，ある程度一定の差（20%前後）を保ったまま，アップダウンを繰り返していくことがわかる。

Part Ⅱ

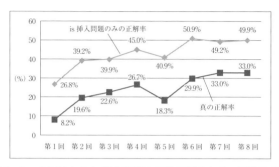

図6-4　各テストの is 挿入問題の平均正解率と真の平均正解率

　第5回テストと第6回テストでは，他のテスト回と比べると差が少し大きい。明確な原因は定かにはできないが，もしかすると第5回テストで to タイプの問題が新しく入ってきたことが原因かもしれない。to タイプの名詞句については，is を挿入することはできても，後置修飾の概念をまだ十分に理解していない生徒たちにとっては，適切な日本語にすることが困難だったと考えられる。

解釈
　なぜ日本語訳の解答を加味すると，これほど正解率が下がってしまうのだろうか。
　その理由として二つ考えられる。まず，繰り返し述べていることだが，is 挿入問題を解く際，英単語のつながり感の良さから直感的に判断していて，それがたまたま正解するという可能性である。構造を本当に理解しているわけではないので，適切な日本語にすることはできない。
　次に考えられることは，生徒たちが「英文の構造が正しく反映されるような」日本語にする習慣を持っておらず，「何となく」英文の意味がわかればそれで良いという状態にあることだ。
　たとえば，次の問題例をご覧いただきたい。

　　　　　The train　・　to　・　arrive　・　next　・　very　・　late.　　(is)
　　　　　　　　　　　ア　　　　イ　　　　　ウ　　　　エ　　　　オ

英文を日本語にする際,「前から訳す」という指導をよくしてはいないだろうか。たとえばこの英文を日本語にする時,私たち教師も「その電車は,次にくる,とても遅い」と,句のまとまりを提示してから「だから,『次に来る電車はとても遅い』となる」と口にしたりしていないだろうか。
　英文を前から,意味のまとまりごとに訳していくことは,しばしば英文読解において有効だと言われてきた。逆に言えば,いわゆる「返り読みをしない」方が良いということだ。しかし,ある程度のまとまった文章（passage）を読んで理解する場合は効果的かもしれないが,「英語の構造の理解」（＝英文法の理解）を促す場合は,そのような方法はむしろマイナスに働くのかもしれない。特に,まだ構造理解が不十分な中学生に対しては,注意が必要なようだ。
　読者である英語の先生方は,リーディングにおける日本語訳の使い方と,英文法理解を促すための日本語訳の方法は,その都度使い分けているとおっしゃるかもしれない。しかし,それぞれを区別した指導に十分な時間を使えるほど,英語の授業時間は豊富に与えられてはおらず,「今はリーディング」「今は文法」と,「何を」学習している最中なのかという自覚を,生徒たちに持たせることは難しいだろう。
　次に,以下の例をご覧いただきたい。

　　　　The big　・　stadium　・　in　・　our city　・　nice.　　(is)
　　　　　　ア　　　　　　イ　　　　ウ　　　　エ

　この問題は,第1回テストで45.7%の生徒がエを選択,すなわち半数程度の生徒たちが is を適切な場所に挿入できている問題である。しかし,日本語訳については,なんと正解率0%,つまり「真の正解」に至った人は一人もいなかったのである。
　その日本語訳の誤答は,以下のようなものである。

　　　　a）大きなスタジアムの中に私たちの市は良い。
　　　　b）この大きなスタジアムは市の中にあって良いです。
　　　　c）そのでかい良いスタジアムは私たちの市にあります。

　a）は情景がおかしい（このような日本語を書いて,本人はどう思っている

のか…）。b）は，主要部名詞（HN）である stadium の後ろにある前置詞句（in our city）を and でつないだようだ。このような意味の取り方は，森本（2004）でも指摘されている。c）は，補部である nice が HN である stadium を前置修飾した訳になっており，これもまた英語の修飾関係の構造を適切に捉えていない。

　このような訳を書いてしまう理由を考えていきたい。Tsuge（2013）では，この Billy's Test の is 挿入問題を，本調査とは別の中学生たちに think-aloud 方式[14]で解いてもらった後，日本語訳をしてもらった。その結果，HN 後に is を入れ（つまり，*The big stadium is in our city nice.），前述 b）のように訳す生徒がいた。また，正しい位置に is を入れたにも関わらず，訳がわからないという生徒もいた。

　注目すべきことは，多くの生徒たちは日本語訳をするように促され，それに取り組んでいる最中でも，挿入の不正解に気づかなかったことだ。また逆に，is を正しく挿入できても，日本語訳が不自然なことに気づかなかった。つまり，is を入れて正しい構造の英文を完成させることと，その意味を捉えることは，彼らの頭の中で全く分断され，別個の作業になっているのである。

　それぞれの作業が彼らにとって大きな負荷になり，トレード・オフ（trade-off）が起こっているのだろうか。それほど，この程度の英語センテンスの構造を把握することは，彼らにとって負担なのだろうかと考えさせられる。

14）データ収集法の一つで，協力者が何かタスクを与えられた際，頭で考えたことを発話しながら行う（Brown & Rodgers, 2002）。

第6章 Billy's Test でわかったこと

コラム Think-aloud からわかること

告の修士論文では，Billy's Test の問題である六つの文を使用した。be 動詞挿入問題を think-aloud で解いてもらった。挿入後，挿入した理由を聞き，その後日本語に訳してもらった。ここで，当時協力してくれたある生徒との会話を紹介したい。T は教師の会話，S は生徒を指す。また（数字）は無言の秒数を指す。

(Which ・ pink ・ shirt ・ in ・ the box? を見て)
　　　　ア　　イ　　ウ　　エ
S1：んーここ, which is じゃないっすかねー。
T ：ア, どうしてですか？
S1：えっと, 疑問文で, 疑問文じゃないと pink shirt in the box になるから, ウで, 疑問文だからア。
T ：疑問文じゃないとウで, これは疑問文だからアに移動してるっていうこと？
S1：そうです, だから, ア。

(Which ・ Chinese ・ song ・ famous ・ in Japan? を見て)
　　　　ア　　イ　　　ウ　　　エ
S1：which Chinese（3）アじゃないっすかねー。
T ：ア, どうしてですか？
S1：疑問文のときの which だから, which の後は be 動詞の is。

この生徒の場合, 疑問文は Which is だという彼なりのルールが成り立っていることがわかる。肯定文のときは, is がもっと後ろにくることがあると思っていたようだ。もちろん Which ときたら is だと思っている生徒もいるが, 間違えている生徒の中には, 独自のルールを確立して適用している人もいるようだ。

このような生徒もいた。

(The old ・ book ・ about ・ Hokkaido ・ on ・ the table. を見て)
　　　　ア　　イ　　　ウ　　　　　エ　　オ
S2：(5) んー。ア……(7) え？？　the book…… the old book, イだと思います。
T ：イね, どうしてですか？
S2：この古い本は, テーブルの(5) カンマ, カンマこのへん (Hokkaido と on の間) にカンマってないんですか？
T ：ないです。
S2：えー？　えー？（4）んー, イだと思います。
T ：イ, さっきもイって言ってたよね？　なんでそんな感じがするの？
S2：イならその古い本は, でいける感じがして。

この生徒は HN 直後に is を入れているが，Hokkaido on the table が変だというこ

103

とに気づいている。しかし、この後に彼は「この本は、北海道についてで、机の上にあります」と訳している。

Think-aloud により、テスト用紙からではわからない生徒の思考の過程がわかる。特に私たちが想像していたものとは違う、独自のルールを適用していることは興味深い。

6.2. 同一問題を3年間解いたとき

わかったこと

> **調査3**-6. 中1から中2にかけては理解が進む様子が見られるが、中2から中3にかけては大きな変化は見られず、同じ英文を繰り返し見せても、名詞句を理解したということは確認できない。

その根拠

テスト問題と分析

Billy's Test では、全8回実施したテストのうち、第1回テスト（中1の2学期に実施）、第5回テスト（中2の3学期に実施）、第8回テスト（中3の3学期に実施）で、同一問題12問を使用した。同一問題なので、名詞句の構造から使用している単語に至るまで、全て同じものだった。そうすることで、第1次調査や第2次調査のように、「正解率が伸びないのは構造や単語が難しくなったからかもしれない」という可能性は起こらず、「前はできていなかったものが今回はできているか」を純粋に見ることができると考えた。

期間は空くが、全く同じ問題を繰り返し3回も出題したのだから、その正解率は十分高くなるのか……。期待を持ちつつ平均正解率を求めた。

結果

得られた結果は、右ページの表6-4の通りである。

表6-4　同一問題の記述統計量

テスト	対象人数	平均正解率	最高正解率	最低正解率	標準偏差
第1回	46名	26.8%	83%	0%	0.17
第5回	45名	43.3%	100%	0%	0.26
第8回	47名	50.7%	100%	0%	0.31

　同じ問題を3回出題されたにもかかわらず，平均正解率は大きく向上することなく，中学修了時（第8回テスト）でも50.7%だった。第1回テストから第5回テストは比較的大きく伸びているものの（26.8%→43.3%），第5回テストと第8回テストの間にはあまり大きな差はない（43.3%→50.7%[15]）。
　表6-1（p.91）では同一問題を含む全ての問題の平均正解率を報告した。その場合，第8回テストの正解率は49.9%と，この同一問題の正解率50.7%と大きく変わらない。同一問題においても，正解率の最低値は3回とも0%[16]であり，つまり，前にも解いたことがある問題かどうかは，生徒の正解率には影響を及ぼしていないということになる。さらに標準偏差から見る生徒の正解率のばらつきは，テスト回を経るごとに大きくなっている。

解釈

　本書で紹介してきたこれまでの調査，つまり第1次調査と第2次調査においては，出題している名詞句の構造，用いている単語が徐々に難しくなるから正解率が伸びなかったのではないかと述べてきた。それを受け，この第3次調査のBilly's Testでは，全く同一の問題を繰り返し出題した。
　しかし，第5回テスト（中2の3学期に実施）と第8回テスト（中3の3学期に実施）を比較して，大きな向上が見られなかったことから，次のことが言える。
　まず，50%程度の正解率から判断し，名詞句の習得は絶対的に不十分だということだ。しかもここには，分詞節や関係詞節による後置修飾を持つ複雑なも

---

15) 統計的にこれらのテスト間の差が有意なものかどうかを確認したことがあった。第1回テストと第5回テストに有意な差が認められたが，第5回と第8回には差が認められなかった。詳細は「2012年度関東甲信越英語教育学会 群馬研究大会」，「2014年度全国英語教育学会 徳島研究大会」で発表した。
16) これらの生徒は同一ではない。

のは含まれていない。中学生が，センテンスの中心となる名詞句をまとまりとして捉えることができていない状況が，はっきりと浮き彫りになった。

また，中2から中3にかけて，大きな向上が見られないという点も重要だ。日々英語学習は進んでいるはずなのに，生徒たちは一体何を身につけているのだろうか？知っている単語数（語彙力）は増えているのかもしれない。中3で新しく学習する文法事項のことも知るだろう。しかし，名詞句のまとまりを把握できない生徒たちが，果たしてどのような「英語力」を蓄えているのか。私たちが普段見ているのは，果たして中学生のどんな「英語力の向上」なのか。この点をよく考えなければいけないと思われる。

ついでに

同一問題の真の平均正解率（is挿入問題と和訳問題の両方を正解している場合）も算出した（表6-5）。第1回テスト（8.2%）から第5回テスト（21.7%）にかけて13.5%の増加，第5回テスト（21.7%）から第8回テスト（36.2%）にかけて14.5%増加している。正解率自体からは，十分に英語名詞句を理解しているとは言えないが，第1回テストから第5回テストよりも，第5回テストから第8回テストへの数値の方が上昇しており，上述した（is挿入問題においては）「中2から中3にかけて，大きな向上が見られない」という点と異なる。

表6-5 同一問題の真の平均正解率

第1回	第5回	第8回
8.2%	21.7%	36.2%

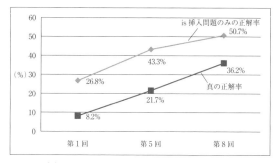

図6-5 is挿入問題の平均正解率と真の平均正解率（同一問題）

図6-5が，同一問題における is 挿入問題の平均正解率と真の平均正解率の推移を表したグラフである。is 挿入問題は第5回テストと第8回テストではゆるやかに上昇しているが，真の正解は第5回テストから第8回テストにかけて比較的大きく伸びている。第8回テストにおいて，両者の差が縮まっているのが特徴的である。なぜなのだろうか。

明確な答えは出せないが，中3になってようやく，英語構造とその意味を「対（つい）」として考えられるようになってきたのではないか。前にトレード・オフということに触れたが，中3になり認知機能も発達し，言語の「構造」と「意味」の両方に意識が向くようになってきた，そのような状態を示しているのかもしれない。

6.3. 習得困難の原因とは

> 調査3 -7. 名詞句のまとまりを把握できるようにならないのは，以下が原因のようだ。
> (1) 名詞句が長いから
> (2) 名詞句が Which で始まるから
> (3) 文の補部が前置詞句だから

その根拠 ─────────
テスト問題と分析

第3次調査では，名詞句の把握が難しい理由について，さらに迫っていきたい。そのために，過去の第1次調査，第2次調査の結果を踏まえ，作問にあたっては変数をかなり限定し，統制してきた。その統制は，三つの観点から成る。それらは，(1)名詞句を構成する語数，(2)名詞句の構造，(3)センテンスの補部構造であった（詳細は第4章の4.2を参照されたい）。

次に，それぞれの変数ごとに，得られた結果を見ていきたい。

Part II

結果
(1) 名詞句の語数
　下の表6-6は，名詞句を構成する語数によって分けた，テスト回ごとの平均正解率である。

表6-6　名詞句語数によるis挿入問題の平均正解率の推移

	2語	3語	4語	5語	6語
例	This picture	Which black coat	This small black cat	The new train to Kyoto	The big park in our city
第1回	26.6%	24.5%		24.5%	34.1%
第2回	42.7%	39.1%		39.6%	32.3%
第3回	41.3%	38.3%	44.9%	32.7%	42.9%
第4回	44.5%	45.4%	57.5%	36.0%	41.9%
第5回	55.6%	37.8%	37.8%	37.2%	34.5%
第6回	60.9%	56.0%	55.6%	43.6%	40.4%
第7回	57.0%	46.8%	45.8%	47.9%	46.8%
第8回	54.3%	48.4%	46.8%	52.6%	45.8%
平均	47.9%	42.0%	48.1%	43.0%	39.8%

　この表からわかるのは，非常に常識的なことだが，名詞句の語数が少ないと正解率が高いということだ。第1回～第4回テストまでの前半は，語数別の正解率の高低はやや混沌としているようだが，第5回～第8回テストまでの後半では，一貫して2語から成るもの（たとえば，This picture や Which boy）の正解率が最も高い。平均値で見ると4語（たとえば，This small yellow sweater）も十分に高いのだが，これは第3回テストから出題されており，生徒たちが英語を始めたばかりの頃に受験した第1回テストと第2回テストにおいての結果がないことが，この正解率をやや引き上げている要因だと思われる。
　むしろ，2語，3語，4語から成るものと，5語，6語から成るものとで，より明確な区別がつきそうだ。前者では50％以上の平均正解率が複数見られるが，後者に関しては第8回テストの5語の52.6％が唯一である。8回のテストを通じて，それぞれの平均値（一方は47.9％，42.0％，48.1％，他方は43.0％，39.8％）を見ても明らかである（3語から成る名詞句の正解率が低い傾向にあるが，これについては後述する）。
　しかしここで注意したいのは，この2～4語と5～6語の区別というのは，

実は名詞句構造のタイプと関連しているということだ。前者（2～4語から成る名詞句）は前置修飾を含む名詞句で，後者（5～6語から成る名詞句）は後置修飾を含むものである。したがって，「語数」という変数自体が把握度に影響を及ぼしているかどうかは，同じ名詞句構造のものの中で語数が異なる場合を見なくてはならないが，表6-6を見たところ，2語，3語，4語それぞれの間，および5語，6語の間に明確な差は見て取れない。

したがって，一応結論づけるとすれば，「名詞句を構成する単語が少ないほど，その把握は容易になるようだが，その影響力はさほど大きくない」ということになる。

(2) 名詞句の構造

次に，名詞句構造に着目したい。名詞句のタイプは前述した通り，(1)指示代名詞 this が主要部名詞（HN）にかかる「This タイプ」，(2)疑問詞 which が HN にかかる「Which タイプ」，(3)前置詞句が HN にかかる「PP タイプ」，(4) to 不定詞句が HN にかかる「to タイプ」の四つの種類があった。(1)と(2)は前置修飾構造を持ち，(3)と(4)は後置修飾構造を持つ。to タイプは，不定詞が導入された後の第5回テスト（中2の3学期に実施）から出題された。

表6-7は，全8回のテストの名詞句構造タイプ別の平均正解率である。

表6-7 名詞句構造タイプによる is 挿入問題の平均正解率の推移

	This タイプ	Which タイプ	PP タイプ	to タイプ
例	This window	Which book	The new DVD about Kyoto	The park to play baseball
第1回	28.2%	22.9%	29.3%	
第2回	36.5%	45.3%	36.0%	
第3回	43.2%	37.2%	37.8%	
第4回	55.2%	35.9%	38.9%	
第5回	47.4%	41.1%	35.6%	36.1%
第6回	63.1%	50.0%	48.3%	35.6%
第7回	53.9%	45.8%	52.1%	42.6%
第8回	53.9%	45.2%	49.5%	48.9%
平均	47.7%	40.4%	40.9%	40.8%

Part Ⅱ

　この結果を見ると,「名詞句構造は，その把握度にある程度影響を及ぼしている」と言えそうだ。特に，Thisタイプと他の三つの構造タイプとの違いが目立つ。

　これまでの調査の結果についてわれわれは,（当然のことながら）日本語と英語の明確な違いにより,「後置修飾構造を持つ名詞句の把握は難しい」と繰り返し述べてきたが，ここで得られた結果では，意外にもWhichタイプについても苦戦している様子が見える。

(3) センテンスの補部構造

　最後の変数は，本動詞isを適切な場所に挿入することを求めた際の，センテンスの補部（isの直後にくるもの）が「名詞句または形容詞句」か，あるいは「前置詞句」かということである。それはつまり，挿入するisが，主語と補部にあるものを連結するのか（【copula】の役割を果たすか），それとも主語の【存在】を表しているのかの違いである。

　表6-8が得られた結果である。

表6-8　補部構造によるis挿入問題の平均正解率の推移

	名詞句・形容詞句 isは連結【copula】を表す	前置詞句 isは【存在】を表す
例	This picture is very beautiful.	This chair is in my room.
第1回	29.7%	23.6%
第2回	40.2%	39.0%
第3回	46.1%	34.2%
第4回	54.2%	36.7%
第5回	49.4%	32.3%
第6回	60.7%	41.9%
第7回	58.4%	40.0%
第8回	60.3%	39.5%
平均	49.9%	35.9%

　これまで見てきた語数と名詞句構造の二つの変数に比べると，この補部構造変数では二つのタイプ間に明確な差が見られる。それぞれの平均値からも明らかである（49.9%と35.9%）。

　第1回テストと第2回テストでは，両者の差は大きくない（それぞれ，29.7%と23.6%，40.2%と39.0%）。ところが第3回テスト（中2の1学期に実施）

からその差が顕著になり（46.1％と34.2％），それ以降縮まる様子はない。

　このことから，「センテンスの補部が名詞句または形容詞句である場合は，それが前置詞句であるよりも，比較的容易に主語名詞句を把握できる」ということが言える。この「補部構造」という変数は，名詞句把握の度合いに強く影響を与えていることがわかった。

解釈

　名詞句把握を困難にする原因を特定するため，(1)名詞句の長さ，(2)名詞句の構造，(3)センテンスの補部構造に着目した。その結果，(1)と(2)については「まあまあ」影響していて，(3)については「かなり」影響しているらしいということがわかった。具体的には，(1)2語以上から成る最も基本的な名詞句ならば何とか把握できるが，修飾語句が付いてしまうと難しくなってしまうようだ，(2)後置修飾を含む構造に加え，Which で始まる名詞句は把握しづらいようだ，(3)センテンスの補部が前置詞句だと，主語名詞句のまとまりを捉えることは非常に難しいようだ，ということだ。

　人間が言語を理解する（または作る）上で，主語が短ければ短いほど好ましいのは自然なことである（Leech, 1983）。しかし，ここで扱っているのはたった6語程度までのものである（たとえば，The small cat of my sister や The old book to read tonight）。それでも難しいのか。

　Which が付くと，後置修飾が付いているものを把握するのと同程度に困難だというのも，意外と言えば意外だった。この一つの原因として考えられるのが，インプットの影響である。中学生にとって Which ～？の英文を最もよく目にする機会は，おそらく比較級の学習の時だろう。実際に彼らが使っていた教科書には，Which is hotter in August, Tokyo or London? や，Which is colder in December, New York or Rome? という文があった。

　Which はそれほど頻繁に登場することはない単語である。しかし，比較級の学習においては突然頻出し，生徒たちの印象には十分残るだろう。特に比較級は明示的に指導される，いわばスター的な存在の文法の一つである。ここに Which is ～？という，ある種のセットフレーズが多く登場し，それがこの Billy's Test での Which の用法（Which + HN または Which + 形容詞 + HN）を把握しづらくしたのかもしれない（つまり，Which の直後に is を入れる間違いを多く引き起こしてしまった）。

Part Ⅱ

　最後に，センテンスの補部が前置詞句の場合は難しいという結果についてである。これは，be動詞（この場合is）が【存在】を表すことがあるという語法の知識，理解が不十分なことを意味しているだろう。そもそも中学生の中には，根強くbe動詞のことを，日本語の助詞「は」に相当すると思っている人が多くいる。もしかすると，初習者の大半はそうなのかもしれない。

　一方で，「〜が…にある」というのに対応するのはthere is 〜だと思っているようだ。日本人がよくやってしまう誤りとして，My favorite girl is in this class.（僕のいちばん好きな女の子はこのクラスにいます）を，*There is my favorite girl in this class. としてしまうことも指摘されている（ウェブ，2006）。

　単語を一つの日本語訳に対応させて習得することの限界は，しばしば指摘される。ここで得られた結果も，それに通じるものだと考えられる。

ついでに

　三つの変数，「名詞句の語数」，「名詞句の構造タイプ」，「センテンスの補部構造」をかけ合わせて見てみたい。全てを対象にすると複雑になりすぎるので，第1回テスト，第5回テスト，第8回テストにおける同一問題（12問）だけを取り上げる。

　右ページの表6-9に結果を示す。たとえば，「This_3_名」というのは，3語から成る，Thisタイプの名詞句で，センテンスの補部は名詞句であるということを意味する（たとえば，This tall man is my brother.）。これを，正解率が高かったものから順に記している。

　表を見ると，第1回テストと比べると，第5回テストと第8回テストは順位に変動があまりないことがわかる。たとえば，Thisタイプの名詞句の補部が名詞句もしくは形容詞句の場合（This_2_名，This_3_名，This_2_形，This_3_形），第5回テストと第8回テストでは上位に位置している。一方で，PPタイプで補部が前置詞句のもの（PP_5_前，PP_6_前）は，第5回テストと第8回テストにおいて，下から2番目，3番目と低位置にいる。

　そして一番の特徴は，Whichタイプで3語から成り，補部が前置詞句のもの（Which_3_前）が，全ての回で正解率が最も低いことだ。変数別で見た際もWhichタイプは正解率が低かったが，ここで改めてWhichで始まる名詞句の把握が難しいこと，特にWhich＋形容詞＋HNの構造で，補部が前置詞句であることが困難の要因だということがわかった。

第 6 章　Billy's Test でわかったこと

表 6-9　同一問題における三つの変数をかけ合わせた平均正解率

第 1 回		第 5 回		第 8 回	
PP_6_形	45.7%	This_2_形	73.3%	This_2_形	72.3%
This_2_前	34.8%	Which_2_形	60.0%	This_3_名	72.3%
Which_2_形	32.6%	This_3_名	57.8%	PP_5_形	63.8%
PP_5_形	28.3%	PP_5_形	46.7%	PP_6_形	57.4%
This_3_名	28.3%	Which_2_前	46.7%	Which_2_前	53.2%
This_3_前	28.3%	This_2_前	42.2%	Which_2_形	48.9%
Which_3_形	26.1%	PP_6_形	35.6%	Which_3_形	45.7%
PP_6_前	23.9%	Which_3_形	35.6%	This_2_前	42.6%
Which_2_前	19.6%	This_3_前	35.6%	This_3_前	42.6%
PP_5_前	19.6%	PP_6_前	31.1%	PP_6_前	42.6%
This_2_形	17.4%	PP_5_前	28.9%	PP_5_前	34.0%
Which_3_前	15.2%	Which_3_前	22.2%	Which_3_前	34.0%

コラム　主語の語数で教科書を見てみると

　be 動詞挿入問題では，正解の位置よりも前に入れてしまうという誤答が非常に多い。言い換えれば，本来の主語よりも「短い主語」を作ってしまうということである。
　生徒たちは「長い主語」にどの程度触れる機会があるのだろうか。Billy's Test の協力生徒が当時使用していた教科書に見られる主語の語数を調べてみるのと同時に，当時の全6社の教科書の比較も行った。
　最も主語の語数が多かったのは，10語であり，2社の教科書で見られた。ただし，いずれも1回のみである。どの教科書にも共通して言えるのは，1語の主語が圧倒的に多いということである。使用教科書について言えば，1年生では1語の主語が170回であったのに対し，2語の主語は約1割の14回にまで減っている。4語以上の主語の出現はない。3年生になると2語，3語の主語も増えてはくるが，1語が212回であるのに対し，2語は47回，3語は10回である。協力生徒が使用していた教科書では，最も長い主語は8語であるが，中2と中3でそれぞれ一度出てくるだけである。やはり，慣れていないということが大きな要因なのだろう。
　教科書を見る際に，さまざまな視点が考えられる。題材，文法項目の配列などで見ることは多いかもしれないが，今回「主語の語数」という視点で見てみた。今までとは違った視点で教科書をもう一度見直して，それを指導の工夫につなげられたらと考えている。

6.4. 5種類の集団

わかったこと

> 調査3-8. 名詞句把握の状況によって、生徒たちは五つのグループに分けられそうだ。
> ① 安定上位グループ
> ② 追い上げグループ
> ③ 低空飛行グループ
> ④ UpDown グループ
> ⑤ 足踏みグループ
>
> 調査3-9. 名詞句把握についてのルールが確立されれば、定期テストでも外部テストでも、良い成績が取れる。
>
> 調査3-10. 名詞句把握についてのルールが確立されていなくても、学校の成績が良い場合がある。
>
> 調査3-11. 日本の英語「学習」環境でも「習得」が起こり得る。

第6章 Billy's Test でわかったこと

わかったこと 調査3-8

名詞句把握の状況によって，生徒たちは五つのグループに分けられそうだ。
① 安定上位グループ　　④ UpDownグループ
② 追い上げグループ　　⑤ 足踏みグループ
③ 低空飛行グループ

その根拠

テスト問題と分析

　全てのテストを受けた34名の正解率の推移を，グラフ化した（p.170，巻末資料4）。また，たとえば次の図6-6のように，特徴的な動きをしている生徒たちを，いくつかのグループに分けることを試みた。

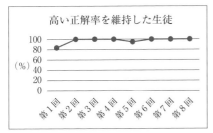
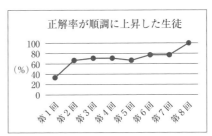
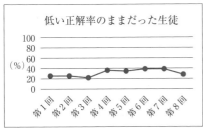
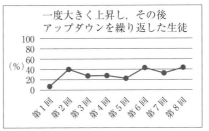
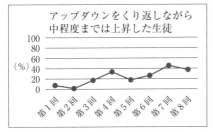
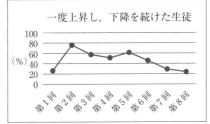

図6-6　正解率の推移（6名分の例）

結果

　結果を表したグラフを見ると，個人によって正解率の推移が異なることがわかる。図6-6には6名分のグラフを示しているが，早い時期から高い正解率を保っている生徒，3年間を通じて正解率が上がらない生徒，徐々に正解率が上がり，卒業時にはかなり高い正解率となる生徒，徐々に正解率が上がるものの中程度の正解率で卒業を迎える生徒，正解率のアップダウンが激しい生徒など，さまざまな様子が見られた。

　全員分の正解率推移グラフ（p.170，巻末資料4）を見ると，その動き方から大きく五つのグループに分けることができた。それらは，その特性から①安定上位グループ　②追い上げグループ　③低空飛行グループ　④UpDownグループ　⑤足踏みグループと名付けられた。

　五つのグループそれぞれに属する生徒たちの正解率について，改めて平均にしたグラフを次に示し，その特徴を以下記述する。また，それにあたっては，筆者が生徒たちの授業を担当した際の様子などについても併せて記す。

①　安定上位グループ

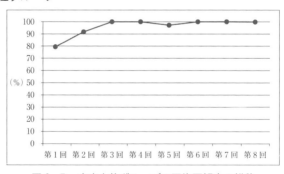

図6-7　安定上位グループの平均正解率の推移

　1年生の頃から3年間，高い理解度を維持している成績優秀グループである。このグループを「安定上位グループ」と呼ぶこととする。このグループに属する生徒は，具体的には，第1回テストから第8回テストまでの正解率を平均した結果が80％以上で，全てのテスト回の正解率が60％以上を記録した生徒たちである。本調査では，全てのテスト回のデータが得られた34名のうち，6％にあたる2名が該当した。

② 追い上げグループ

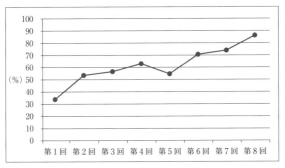

図6-8　追い上げグループの平均正解率の推移

　初期の頃の理解度は高くはないが，最終回のテストまでに理解度が上がり，安定上位グループと同じ程度に到達するグループである。このグループを「追い上げグループ」と呼ぶこととする。一度正解率が下降する回（第5回テスト）があるが，全体として緩やかに上昇し，最終的に80％以上にまで正解率が上がっている。10名（29％）の生徒がこのグループに分類される。「安定上位グループ」の2名と併せて，この12名の生徒は「英語が得意」だと言える。

③ 低空飛行グループ

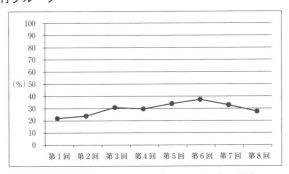

図6-9　低空飛行グループの平均正解率の推移

　34名のうち，38％にあたる13名の生徒については，3年間低い正解率のままほとんど変わらなかった。このグループを「低空飛行グループ」と呼ぶ。

④ UpDown グループ

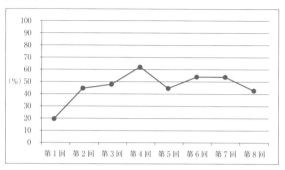

図6-10　UpDown グループの平均正解率の推移

　3年間において，正解率のアップダウンが激しく，名詞句把握の習得が進んでいるのかどうかの判断が難しい生徒が3名（9％）見られた。このグループを「UpDown グループ」と呼ぶことにする。平均正解率のグラフを見ると，他のグループのグラフとは違い，最終回の正解率が落ち込んでいる。

⑤ 足踏みグループ

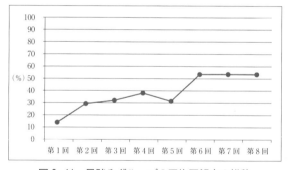

図6-11　足踏みグループの平均正解率の推移

　図6-11の通り，全体的に正解率は高くはないが，上昇傾向が確実に見られるという点で，UpDown グループと異なる。しかし，正解率の上昇は見られるものの，中学校卒業時では50％程度で足踏みをしている。特に3年生に入ってから，目立った変化が見られなくなってしまっている。このような状態が，全体の18％にあたる6名に見られた。このグループを「足踏みグループ」とした。

第6章 Billy's Test でわかったこと

各グループに属する生徒の特徴
① 安定上位グループ

　二人の生徒に共通した特徴は，学校の授業において，英語が得意であるということである。二人とも評定「5」を得る学力を持っていた。また，英語だけでなく，他教科においても高い学力を示していた。学習においては，2人ともコツコツと努力を続けるタイプであった。2～3年次の2年間，英語科においては少人数指導を行っていたが，2年間を通して発展クラスの授業を受けていた。

　個別の特徴であるが，一人の生徒は，英語学習に対しては特に積極的で，英検3級を取得している。また，中学校修了時までに取得には至っていないが，準2級も受験していた。授業においても積極的に発表する機会が多かった。市内スピーチコンテストにも出場している。また，本人との話の中で「意味のまとまりがわかるようになってきた」（中学2年生の末頃）と話していたことがあった。

　もう一人の生徒は，授業での発表は少ないが，理解度は非常に高かった。英作文などの活動においても，表現力が高く，誤りの少ない正確な英文を書くことができる生徒であった。

② 追い上げグループ

　この10名の推移を表すグラフを見ると，初期の頃は正解率のばらつきが大きい。それがさまざまな推移を経て正解率が上がり，最終的にはばらつきはかなり小さくなっている。たとえば，1年生から2年生にかけて大きく正解率が上昇し，その後は緩やかに上昇するという生徒もいれば，アップダウンを繰り返しながらも全体として上昇している生徒もいる。また，そのアップダウンのふり幅にも生徒個々で違いが見られる。ここから，中学修了時に正解率が80％程度まで上昇するのに，生徒個々によって名詞句を理解する進度や経緯が異なっていると考えることができる。

　この追い上げグループに属する生徒の特徴としては，どの生徒も授業において高い理解力を示しており，学校の授業については英語が得意であったと言える。外部のテストでも，英語については上位に名を連ねている。また，学習への取り組みとして，コツコツと努力を続ける「努力型」の生徒が多い。特にこの中の3名は2年生後半から3年生にかけて大きく伸びている。また，1名の生徒を除き，他の教科でも高い理解力を示している。このグループの生徒も，

時間はかかっているが，このテストで扱っている名詞句については，理解できていると考えられる。

どの生徒についても，正解率が上昇する中で，一度または複数回正解率が低くなっている。これは，それまでに受けたテストや学習を経て，生徒たちの中で「このようなルールがあるのではないか」という考えに至り，その自分の中で作られた不完全な言語ルール（interlanguage）に従って答えた結果ではないかと思われる。

③ 低空飛行グループ

このグループに属している13名の生徒たちは，概して英語が不得意で，英語に対してかなりの苦手意識を持っていた。中には，授業での学習内容の理解にも困難を感じていたと思われる生徒も見られる。また，英語の授業だけでなく，他の教科についても，平均に届くのが難しいと思われる生徒も見られる。

④ UpDownグループ

このグループに属している3名の生徒のうち2名は，理解力はあるが，学力以外の面で集団生活や学校生活に不安を持っていたりと，特殊な状況にある生徒であった。この2名の生徒たちは，他教科についても平均に届く程度の学力を示していた。

右ページのグラフ（図6-12）は，個々の生徒の正解率の推移を表したものである。3名ともアップダウンのふり幅がかなり大きい。UD-1の生徒については，正解率が一度大きく上昇した後，緩やかに下降を続けている。UD-2の生徒は，60％の正解率を超える回が複数見られるが，3年生以降は下降を続けている。UD-3の生徒は，全体としては正解率が上昇してはいるのだが，テスト回によって正解率の差がかなり大きいことがわかる。どの生徒も正解率が60％を超える回が見られるが，他のテスト回の正解率を見ると，名詞句把握について理解していると判断するのは難しいと考えられる。

第6章 Billy's Test でわかったこと

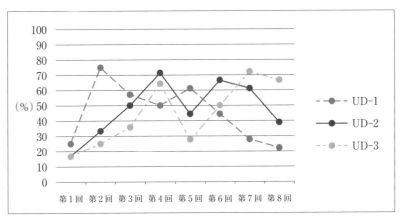

図6-12 UpDown グループの個々の正解率の推移

⑤ 足踏みグループ

足踏みグループに属する生徒の個々の正解率の推移は，下の図6-13に示されている通りである。

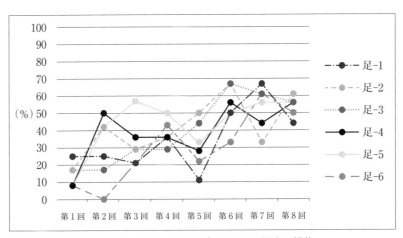

図6-13 足踏みグループの個々の正解率の推移

このグループに属する6名の生徒のうち，2名については，学校の授業では平均以上の理解力を示していた。特にそのうちの1名の生徒については，学校

の授業では高い理解力を示し，評定「4」程度の学力ではあったが，外部テストでは平均に届いていなかった。この生徒は，授業内容を暗記するような学習方法に頼っていたのではないかと思われる。その場合，今後，文法のルールに気づき，そのルールを他の場面でも応用していくという（rule-governed）状態に達するのには，かなりの時間を要すると考えられる。

　他の4名については，学校では平均程度の成績で，外部テストにおいては，平均にはやや届いていないという程度の成績だった。

　このグループに属する生徒たちは，学校の授業では平均かそれを超える程度の成績を示していた。学校の授業と定期テストのように，習ったことを直接確認するといったことに関しては，ある程度良い成績を取ることができていた。このことから，理解していないこと（この場合，名詞句をまとまりとして捉えること）についても，何らかの手立てによって，今後伸びていく可能性が十分あると考えられる。

　「手立て」とはつまり「指導」のことである。再三述べているように，名詞句は教科書の中では，「比較表現」や「現在完了」といったように，特化されて扱われているものではない。そこで，たとえば名詞句を一つの文法事項として取り上げて，どのような語順で名詞句が成立しているかなどを指導してみたらどうだったろう。

　また，本テストで多く見られた，Thisの直後にisを挿入してしまう誤りは，冠詞について理解していないのではないかとも考えられる（たとえば，*This is picture beautiful. など，冠詞のない文を作っても，その誤りに気がつかない）。冠詞についてきちんと取り上げ，明示的に指導や練習をする授業が有効かも知れないと考えられる。

第6章 Billy's Test でわかったこと

わかったこと 調査 3 − 9

> 名詞句把握についてのルールが確立されれば，定期テストでも外部テストでも，良い成績が取れる。

その根拠

テスト問題と分析

 Billy's Test を 8 回全て受験した生徒たち34名が，中学 3 年生の 2 学期に受験した外部テストがある。ここでは，そのテスト結果に基づいた彼らの順位と，同時期に受験した Billy's Test（第 7 回テスト）の結果に基づいた順位との相関を調べた。

 その他，学校の授業において観察された彼らの学力との関係についても，併せて考察する。

結果

 34名の生徒の外部テストと Billy's Test の順位相関係数は0.78という結果であった。ここから，二つのテストの相関関係は「強い」と言える。

 名詞句把握についてのルールが頭の中に確立されたのは，安定上位グループおよび追い上げグループに属する12名の生徒であると考えられる。ここで言う「ルールが確立された」状態とは，名詞がどのような語順で修飾されているかを理解し，また，前置修飾や後置修飾を伴って作られている名詞句のまとまりを，センテンス内で把握することができる状態である。Billy's Test においては，これらを理解し，正しい位置に本動詞である is を挿入できることと定義されている。

 この12名を取り上げて考えると，これらの生徒は，学校の定期テストで上位に名前を連ねる生徒たちである。評定も「 5 」または「 4 」をとっている。また，外部テストの成績を見ても，上位に位置している。

解釈

 学校の定期テストについては，授業の確認の意味が強いため，教科書をベースに作問される。そのため，授業での学習内容について，暗記のような学習方

法でも高得点を取ることは決して難しくはないと考えられる。
　一方で外部テストでは，初見の英文を理解する力が必要であるし，表現問題でも即興に近い形で英文を書くことが求められる。つまり，学習してきた文法のルールを応用して，英文を読んだり書いたりすることが求められる。外部テストで良い成績であることは，学習した内容を応用する力がついていると考えることができる。
　Billy's Test のような，基本的な句やセンテンスの構造を問う問題に正解できる「力」を持っていると，（単語さえクリアできれば）どのような英文にも対応できるはずだ。したがって，Billy's Test の結果と，より一般的な英語力を測っていると思われる外部テストの結果の相関が高い，という結果が得られたのだろう。

わかったこと　調査 3 -10

> 名詞句把握についてのルールが確立されていなくても，学校の成績が良い場合がある。

その根拠

テスト問題と分析
　ここで言う，「名詞句把握についてのルールが確立されていない」ということは，「Billy's Test の成績が低い」ということを意味する。そのような状態にいるのは，すでに述べたグループでは，低空飛行グループ，UpDown グループ，足踏みグループに属する生徒たちだと考える。これら三つのグループの生徒たちの，定期テストにおける成績を振り返り，両者の関係について考察する。

結果
　低空飛行グループ，UpDown グループ，足踏みグループの三つのグループに属したのは，計22名だった。これらの生徒のほとんどは，学校の授業での成績もそれほど高いとは言えない。特に，低空飛行グループ，UpDown グループに属している生徒たちは，学校の授業で高い学力を示していたとは言えない。
　一方で，足踏みグループに属する生徒のうち2名は，学校の授業では高い学

力を示しており，定期テストでも平均点を超え，高得点を取ることもあった。その2名の Billy's Test の正解率の推移は，次の図6-14の通りである。

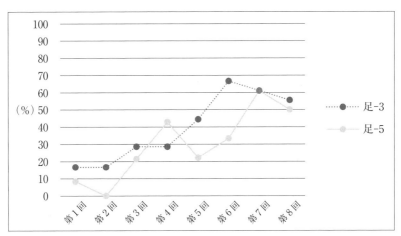

図6-14　足踏みグループのうち学校での成績が高い生徒の正解率の推移

　どちらの生徒も，60％程度に正解率が上がる回もあるが，卒業期に行った第8回テストでは，50％程度の正解率である。しかし，学校の授業での成績では，中1から評定「4」程度の学力を示し，維持していた。授業での学習内容は十分に理解していると考えられる。

解釈
　この2名の生徒に共通するのは，学習においては「努力型」という点である。どちらの生徒も授業にまじめに取り組んでおり，少人数指導でも，発展コースの授業を受けることもあった。学校の授業と定期テストでは，暗記に近い方法で，十分対応できていたということである。
　しかし，授業との関連が小さい外部テストなどでの成績は決して良くはなかった。文法のルールを理解して，それを応用しなくてはいけない場面では，苦労していたと言える。言い換えれば，学校での勉強については勤勉さで対応できていたが，文法のルールについては本当の理解には至っていなかった状態だった。

Part Ⅱ

わかったこと 調査 3 -11

日本の英語「学習」環境でも「習得」が起こり得る。

その根拠

テスト問題と分析

全てのテストを受けた34名のうち,早い時期から高い正解率を維持し続けた安定上位グループ2名の生徒に着目した。

結果

安定上位グループ2名それぞれの正解率の推移は,右ページの図6-15,図6-16の通りである。

この二つの正解率推移に共通しているのは,いったん100％に到達した後は,(①の生徒の第5回テストを例外的に除くと) そのまま100％を維持し続けていることである。

解釈

「学習 (learning)」と「習得 (acquisition)」を厳密に区別する場合がある。Krashen (1981) は,「学習」と「習得」は別のものであり,前者は意識的な行為,後者は子どもが母語を身につけるような無意識的な行為としている。また,意識的な学習によって得た知識 (learned knowledge) は,無意識的な知識 (acquired knowledge) には転換しないとも述べている。加えて,学習によって得られた知識は,話したり書いたりするときに,それが正しいかをチェックするモニターの役割しか果たさないともしている。

第3次調査の安定上位グループの2名については,Billy's Testにおいていったん100％の正解率に達した後は,次回以降のテストでも100％の正解率を維持している (図6-15, 図6-16)。

第6章 Billy's Test でわかったこと

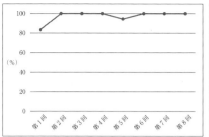
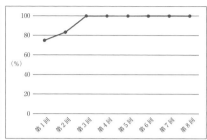

図6-15　安定上位グループの生徒の
　　　　正解率の推移 ①

図6-16　安定上位グループの生徒の
　　　　正解率の推移 ②

　また，第5回テスト（中2の3学期に実施）から，新たに to 不定詞による後置修飾タイプが問題に出現しているが，その問題も正解することができている。これは，第4回テストまでに扱っている前置詞句による後置修飾のルールを応用していると考えることができるのではないか。
　つまり，個々の問題や文法項目ごとに対応しているのではなく，名詞句における修飾関係のルールを身につけている（習得している）と考えられる。
　推移①のグラフの生徒（図6-15）については第2回テスト（中1の3学期に実施），②のグラフの生徒（図6-16）については第3回テスト（中2の1学期に実施）で習得が起きていると考えられる。同じ学校で授業を受けている「学習」環境の下にありながら，「習得」と考えられる状態に達する生徒が見られたことは興味深い。

ついでに

　習得が起こったと思われる後で見られた唯一の誤答（①の生徒の第5回テスト）が，次のものである。

　　＊This old blue cap too big $\boxed{\text{is}}$ for me.

　習得が起きたと思われるテスト回（つまり第2回テスト）までの誤答を見ると，第1回テストの誤答は全て，正解よりも短い名詞句を作ってしまっていたことによる。前置修飾までは理解をしているが，後置修飾を含めた部分までは，まとまりとして把握できていなかったと考えられる誤答である。be 動詞

127

より前の部分を見ると，一応名詞句が成立している状態だった。

しかし，ここで挙げた誤答については，正解よりも後ろの部分に be 動詞を挿入しているという点が興味深い。後置修飾を含む名詞句まで理解できたことで，too big の部分を，cap を後置修飾している句であると考えたのだろうか。ルールを身につけたことで，それを拡大して応用してしまったことによる誤答かもしれない。

または，be 動詞と補部とのつながりから，このような誤答が見られたとも考えられる。この場合は，〜 is for me. というつながりを自然と考え，この部分に is を挿入したと考えることもできるかもしれない。

6.5. 名詞句習得のプロセスについての仮説

わかったこと

調査 3 -12. 初期の頃は，馴染みのある単語の組み合わせに固執している生徒が多い。そこから脱却できるのは，中2の1〜2学期のようだ。

調査 3 -13. 名詞句を理解できるようになっていく生徒は，まとまりとして認識する範囲を徐々に広げていく。

調査 3 -14. 英語が不得意な生徒であっても，これは確実に一つのまとまりだというものを見つけられるようになる。
まとまりだと認識できるようになるものは；
- ✓ 前置詞とそれに続く名詞
- ✓ 不定詞の to とそれに続く動詞
- ✓ very とそれに続く形容詞／副詞

第 6 章 Billy's Test でわかったこと

わかったこと 調査 3 -12

> 初期の頃は,馴染みのある単語の組み合わせに固執している生徒が多い。そこから脱却できるのは,中 2 の 1 〜 2 学期のようだ。

その根拠

テスト問題と分析

 Billy's Test でのつまずきやすい点を焦点化するため,第 1 回〜第 8 回テストまでの全ての問題において,選択率が高い誤答を調べた。

 ここでは特に誤答が多い,前半に実施した第 1 回〜第 4 回テストの結果に着目した。

結果

 第 1 回テスト(中 1 の 2 学期に実施)や第 2 回テスト(中 1 の 3 学期に実施)における選択率が高い誤答について調べてみると,This is 〜, Which is 〜という具合に,馴染みのある単語の組み合わせに影響されてしまった誤答が目立つ。

 たとえば以下のようなものである。

<第 1 回テストでの誤答例>(網掛けが選択率の高い誤答,□囲みが正解)

 This ・ picture ・ very ・ beautiful. (is)
  ア72.3% イ19.1% ウ8.5%
 Which ・ singer ・ popular ・ in ・ China? (is)
  ア51.1% イ31.9% ウ14.9% エ2.1%

<第 2 回テストでの誤答例>(網掛けが選択率の高い誤答,□囲みが正解)

 This ・ question ・ difficult ・ for me. (is)
  ア52.1% イ35.4% ウ12.5%
 Which ・ school ・ in ・ the mountain? (is)
  ア47.9% イ43.8% ウ8.3%

 中学校 1 年生の 2 〜 3 学期の段階では,半数近くの生徒が「This がくれば,その直後に is がくる」と反射的に判断して解答している様子がうかがえる。

Part Ⅱ

第3章で述べた【ThisIs 期】に当たる現象が、第3次調査でも同様に見られたということであろう。しかし、この傾向はテスト回を経るごとに少しずつ変化していく。第3回テスト、第4回テストの誤答例を見てみる。

＜第3回テストでの誤答例＞（網掛けが選択率の高い誤答、□囲みが正解）
　　This　・　small　・　black　・　cat　・　very　・　cute.　(is)
　　　ア22.4%　　イ14.3%　　ウ10.2%　　エ49.0%　　オ4.1%

＜第4回テストでの誤答例＞（網掛けが選択率の高い誤答、□囲みが正解）
　　This　・　new　・　pink　・　shirt　・　for　・　the party.　(is)
　　　ア22.4%　　イ4.1%　　ウ16.3%　　エ49.0%　　オ8.2%

この頃になると、「This とくれば is」という誤答から、少しずつ、正しい位置に be 動詞（is）を挿入できるようになった生徒の割合が増加してきていることがわかる。

解釈

　第3回テストでは、まだ This is 〜という誤答も2割程度見られるものの、約半数の生徒は正しい位置に be 動詞を挿入することができるようになってきている。反射的に「This とくれば is」という段階を脱し、もう少し英文の後ろの方まで見渡すことができるようになるのは、中2の1〜2学期の頃と言えそうである。

わかったこと　調査3 -13

> 名詞句を理解できるようになっていく生徒は、まとまりとして認識する範囲を徐々に広げていく。

その根拠

テスト問題と分析

　前項に引き続き、ここでは特に後半に実施した、第5回〜第8回テストの誤答に着目した。

結果

第5回テストや第6回テストにおける選択率が高い誤答について調べてみると，主要部名詞（HN）の後ろに is を挿入するタイプの誤答が目立つ。たとえば，以下のようなものである。

＜第5回テストでの誤答例＞ (網掛けが選択率の高い誤答，□囲みが正解)

The old ・ book ・ about ・ Hokkaido ・ on ・ the table. (is)
　　　　ア4.4%　イ53.3%　ウ11.1%　　エ28.9%　オ2.2%

The new ・ bike ・ to ・ ride ・ tomorrow ・ for my grandfather. (is)
　　　ア4.4%　イ33.3%　ウ4.4%　エ26.7%　オ31.1%

＜第6回テストでの誤答例＞ (網掛けが選択率の高い誤答，□囲みが正解)

The new ・ picture ・ of ・ Mary ・ on ・ the table. (is)
　　　　ア6.8%　　イ40.9%　ウ4.5%　　エ43.2%　オ4.5%

また，第6回テストにおける次の問題では，まとまりとして認識する名詞句の範囲が徐々に拡大している様子もわかる。

This ・ tall ・ young ・ man ・ my father. (is)
　　　ア11.4%　イ15.9%　　ウ15.9%　　エ56.8%

この問題では，「This とくれば is」のような解答は1割程度（11.4%）に減り，This tall young man という大きなまとまりが，センテンスの主語であると判断している様子がわかる。

＜第7回テストでの誤答例＞ (網掛けが選択率の高い誤答，□囲みが正解)

The blue ・ cap ・ for ・ John ・ in ・ the box. (is)
　　　ア8.7%　　イ43.5%　ウ15.2%　　エ15.2%　オ0%

＜第8回テストでの誤答例＞

The new ・ DVD ・ about ・ Kyoto ・ interesting. (is)
　　　ア4.3%　　イ14.9%　　ウ17.0%　　エ63.8%

Part Ⅱ

そして，最終回である第 8 回テストにおいては，補部が形容詞句の場合，約 6 割の生徒が正解に達している。

解釈

初期の頃は，This／Which があればその直後に is がくるだろう，という判断をしていた生徒たちだが，徐々にセンテンスの後ろの方まで見渡すことができるようになってきたのではないだろうか。ことばを換えれば，後ろまで見渡す余裕が出てきたと言えそうである。

また，HN を見分ける力もついてきた結果，「HN までが一つのかたまりである」という認識が，徐々にできるようになった様子がうかがえる。

補部が名詞句や形容詞句の場合，Kyoto interesting のような語の並びについて違和感を感じ，ここに be 動詞（is）を挿入した生徒もいるように思う。

いずれにしても，センテンス全体を見渡すことで，句をまとまりとして認識する範囲が徐々に広がっていった様子が見える。

わかったこと　調査 3 －14

英語が不得意な生徒であっても，これは確実に一つのまとまりだというものを見つけられるようになる。
まとまりだと認識できるようになるものは；
- ✓ 前置詞とそれに続く名詞
- ✓ 不定詞の to とそれに続く動詞
- ✓ very とそれに続く形容詞／副詞

その根拠

テスト問題と分析

Billy's Test において，選択率が 0 ％の（誰もその選択肢を選ばない）ものについて調べてみた。選択率が 0 ％ということは，全員が「ここはひとかたまりである」と理解している状態と捉えられるからである。

選択率 0 ％は，どのようなものがどの段階で出現するのであろうか。第 1 回～第 8 回テストまでの全ての問題における 0 ％の選択肢を調べてみた。

第6章 Billy's Test でわかったこと

結果
　得られた結果は次の通りである。下記の例は，選択率が０％だった問題全てを一覧にしたものである。▲の箇所が，選択率０％だったことを示している。

＜第２回テスト＞
　　The yellow ・ bike ・ of ・ my brother ・ in ▲ the box.
　　Which ・ Japanese ・ food ・ popular ・ in ▲ America?

＜第５回テスト＞
　　The notebook ・ to ・ practice ・ kanji ・ on ▲ the desk.
　　The park ・ to ▲ play ・ baseball ・ very ・ large.
　　Which ・ Chinese ・ song ・ famous ・ in ▲ Japan?
　　Which ・ pink ・ shirt ・ in ▲ the box?

＜第６回テスト＞
　　The new ・ project ・ to ▲ help ・ people ・ very exciting.
　　The old ・ festival ・ in ▲ Saitama ・ wonderful.
　　Which ・ Japanese ・ food ・ popular ▲ in ・ America?

＜第７回テスト＞
　　The blue ・ cap ・ for ・ John ・ in ▲ the box.
　　The train ・ to ▲ arrive ・ next ・ very ▲ late.
　　This ・ window ・ very ▲ clean.
　　This ・ big ・ cake ・ very ▲ good.
　　The new ・ train ・ to ▲ Kyoto ・ fast.
　　Which ・ Chinese ・ song ・ your ▲ favorite?

＜第８回テスト＞
　　The notebook ・ to ・ practice ・ kanji ・ on ▲ the desk.
　　The old ・ book ・ about ・ Hokkaido ・ on ▲ the table.
　　The big ・ stadium ・ in ▲ our city ・ nice.
　　The new ・ bike ・ to ▲ ride ・ tomorrow ・ for my grandfather.
　　Which ・ Chinese ・ song ・ famous ▲ in ・ Japan?

Part Ⅱ

解釈

　Billy's Test において，初めて0％が出現するのは，第2回テスト（中1の3学期に実施）における in ▲ the box. と in ▲ America の2箇所であった。
　このことから，かなり初期の段階から，「前置詞＋名詞」のかたまりについては，それでひとまとまりだと意識されていると考えられる。
　しかし，しばらくの間0％は出現することなく，次に現れるのは第5回テスト（中2の3学期に実施）となる。このテストで0％が出現したのは，4箇所あった。
　ここでも同様に，「前置詞＋名詞」のかたまりを分断しない選択をしている様子がわかる（前述の例を参照されたい）。さらに，2番目の例のように，「to不定詞＋動詞の原形」も分断せず，一つのまとまりだということを認識しているのがわかる。
　その後，第6回テストでは3箇所に，第7回テストでは7箇所に，第8回テストでは5箇所に0％選択肢が出現した。
　前述の例にあるように，第7回テストにおいては，「very＋形容詞」のかたまりを分断する人がいないという現象も現れた。このようなよく耳にする機会がありそうな表現については，生徒たちの頭の中でより強固に結びついているのではないか，つまり選択率0％が初期から出てくるのかと予測していた。しかし，本テストではその予想に反して，中3の2学期（第7回テストの実施時期）まで0％とはならなかった。
　このことについて，協力者である生徒たちの英語授業を担当していた教師に尋ねると，教室英語としての Very good! などは頻繁に耳にしていたと思うが，very と綴られた文字では，それがいつも聞いている「ヴェリー」だと認識できなかったのではないか，ということだった。
　このように，生徒たちは，「前置詞とそれに続く名詞」，「不定詞の to とそれに続く動詞」，「very とそれに続く形容詞／副詞」については，一つのかたまりであると認識していると思われる。選択率0％，つまり低空飛行グループなどに属する，非常に英語を苦手としている生徒たちでさえも，これらの「かたまり」は認識できているのだということが明らかになった。

コラム　ありんこの行列

「中学生たちには，英語センテンスの構造が見えていない！」
これが，一連の調査を終えて感じる率直なところである。
「構造が見えていない」……　これはどういうことを意味するのだろうか？
　私自身は，ある英語センテンス（一文）を見たときに，そこに使われている英単語が，大小さまざま，濃淡さまざまな「石」のように見える（かなり速いスピードで処理できる文についてはそういうわけではないが，見ようと思えばそう見えるという意味で）。
　主要部名詞（headnoun: HN）は大きくて，濃くて，ぴかぴかの石に見える。それを前置・後置修飾する単語たちは，その黒光りしている石（HN）にくっつくように，そして，動詞句のあたりはまた少し違った形状の石に……，そんな感じに（見ようと思えば）見えるのである。
　しかし，おそらくこの Billy's Test に正解できない生徒たちにとっては，英文は全く同じ大きさ，形をした石が並んでいるだけのように見えるのだろう。別の言い方をすれば，ありんこの行列のように……，それでは「英語わかんなーい！」となるのも当然だろう。

コラム　名詞句に10年

　名詞句の研究に10年……。自分自身が教師として教鞭を執っていく中で，よもや名詞句に関する研究に10年もの歳月の間かかわるとは思ってもみなかった。
　本文中にも示されているかもしれないが，「名詞句」に至るまでにはさまざまな議論があった模様である。『定着重視の英語テスト法』を振り返ってみると，当初この研究にかかわった方々の興味関心は「語順」にあった。生徒たちは単語の並べ方がわからない，ゆえに英文が作れない。この悩みは，中学校で英語を教えてきた者にとって非常に共感できるものである。
　語順という発想から，生徒はそもそも文の構造を理解しているのか，いや，そもそも文の主語がどこからどこまでかを把握しているのか，といった具合に議論が進み，その中で「主語把握」「名詞句の把握」という研究の根幹にかかわる問いが生まれてきたように思う。
　名詞句の研究を10年もやっていたと聞くと，読者の皆さんは「そんな小さなことになぜ10年も」とお思いになることだろう。（私が読者ならきっとそう思う）しかし，その出発点は「単語の並べ方がわからない。だから英文が作れない」という生徒の（そして教師の）悩みからスタートしているのである。
　私が教えていた生徒の中で，次のような英文を作ってきた生徒がいた。

I is Sports Day is Fight!

これを見て，私は愕然とし，自身の指導力の無さを猛烈に反省した。この生徒はおそらく「ぼくは，体育祭は，頑張る！」と言いたかったのだ。しかし，その思いを伝える英語力をつけてあげることが，当時の自分にはできていなかった。この生徒は，「〜は」に当たることばを is として英文を作っていたのだ。

　生徒が，自分の思いを，伝わる英語で伝えられるような力をつけてあげたい……，それが，私が10年間，この研究に携わってきたことの根幹にある思いである。「名詞句なんて小さなことに……」と思われるかもしれないが，その把握状況を知ることは，生徒の文構造の理解度を知る上で大変に効果のあることだと思う。

Part Ⅲ
教育への提言

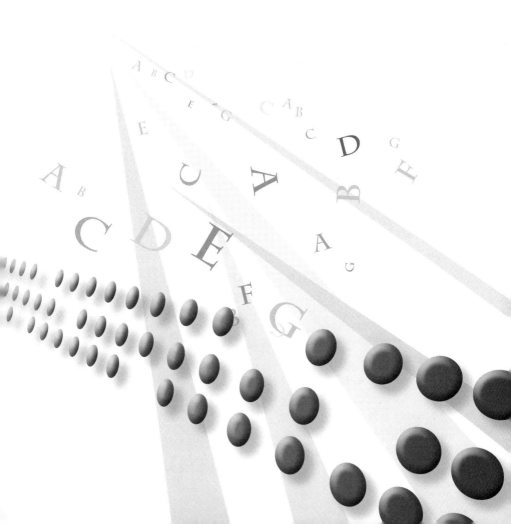

第7章 英語導入から定着まで

7.1.「句の把握」，どう助ける

7.1.1. コミュニケーションの時代だからこそ文法

　今回の成果の一つには，Billy's Test と学校の成績や外部テストとの比較がある。それによれば，Billy's Test で良い成績を収めている生徒は，校内定期考査の成績も良い。外部テストの成績も同様である。それに対して，Billy's Test があまりふるわなくても，校内テストではある程度悪くない成績を収める生徒がいる。しかし，こうした生徒で外部テストの成績も良い生徒はいない。

　このことが意味することは，文法が身についている生徒には応用力があり，学校で習ったこともわかっているが，外部テストで出題される初見の問題にも対応ができる，ということである。これに対して，文法は身についていなくても，暗記力によって学校で習った内容なら一定程度の成績を収めることは可能だということである。しかし，こうした生徒には応用力（本当の英語力）はない。常識的な話である。

　英語が使えることを求められるこれからの日本人にとっては，応用力こそがコミュニケーション力である。指導に当たっては，formulaic な使い方（決まり文句を暗記して使う）が上達することに満足させず，rule-governed な使い方（ルールに則って新しい文を自分で作る）へと生徒を導くように絶えず留意する必要がある。

　コミュニケーションの時代だから，決まり文句を流暢に言えれば良いのだというような漠然とした考えが，一般人の中にも，そして英語教師の中にも広く存在する。そうした考えを廃して，文法の獲得を手助けするように心がける必要がある。

ただし，念のためお断りしておくが，文法のレクチャーをせよ，と主張しているのではない。文法が身につくようにするには，生徒にたくさんの英語に触れさせ，たくさん使わせる必要がある。いわゆる activity などが重要であるし，意味を考えた発話を促すなどが不可欠である。ここで言っているのは，文法が身につくような授業を設計，実施すべきだということである。

7.1.2. 教えられるか

名詞句の把握が大切であることは，本書の成果から明らかになった。その次にくるのは，名詞句把握は「教えられるか」ということである。どのように教えると効果が上がるか，ということである。

「どのように教えれば良いか」と言うと，「教えられる」という前提に立っているように受け取られる。ある導入の仕方をすれば，たちどころに生徒が理解してしまう。そんな教授法があると受け取られてしまう。しかし，一般的に言って，学校で扱われることは，「教えられる」とは限らない。特に外国語学習に於いては，教師が「教えられない」ことも多く見受けられる。

第2言語習得研究のこれまでの成果がわれわれに教えてくれることは，学ぶ過程をスピードアップすることはできても，学ぶ順序を変えることができない事項がある，ということである（たとえば，M. Pienemann の Teachability Hypothesis）。したがって，取り敢えず目指すべきは名詞句の理解を少しでも促進するということだろう。

教師としては，教え方を工夫することで学習が促進されることを期待する。教師としては，ごく普通の期待である。しかし，今のところ，教師の特別な解説などで，名詞句の把握が促進されるかどうかは不明である。習得が絡む事柄では，外部からの介入（教師の指導）が必ず功を奏するとは限らない。

したがって，大切なのはまず，事実を知ることである。そして今後の実践と研究において，指導の影響力について確認をしていくことになる。

7.1.3. まず，知ること

この研究でわかった一番大きなことは，中学生が卒業時でも，名詞句が把握できる生徒は3割程度であるということである。このことに対する教師の「心構え」というのは，まず，この事実を知ることである。このことは，何も名詞句把握に限ったことではないだろう。中学教師にも高校の教師にも当てはまる

ことである。

　この研究結果を「思った通り」と受け取った人もいるだろう。反対に、「驚いた」という人もいるに違いない。どちらであっても、事実を知るということは何より大切なことである。特に、「驚いた」人は、この結果を頭に入れて今後の指導を考えなければならない。

　生徒の学習状況（習得状況）を知ることなど、教師にとって当たり前のことのように感じる方もおられよう。われわれも実は当たり前のことだと思う。しかし、教師の多くはまだ、「教える」ということは、生徒に何らかの知識を与えることであると受け取っていて、生徒の学習状況の把握とその状況に応じた指導の調整は十分ではない。

7.1.4. 高校での受け取り

　この結果が、指導などの教師の行動に大きな影響を与え得るのは、中学の英語教師というよりむしろ高校教師に対してである。

　中学生の多くは、英文の中の大きなかたまりがうまく把握できていない。ところが、高校の教材に出てくる英文は、中学教材より長い。また、複雑である。そうした、より長く複雑な構造を持つ英語の文を理解するには、名詞句の把握は不可欠である。

　こうした状況にありながら、高校教師は、「中学のことは中学で終わっている。自分たちの仕事は、新たな事項の導入にある」と考えがちである。しかし、高校教師が、中学校で導入されたことについては、「生徒たちはすでに卒業できている」と考え、その先のことに重点をおいて指導をしていたら、多くの生徒を置いてきぼりにすることになる。

7.1.5. マクロな構造，長期的視点

　生徒の英語学習については、まず、教師がマクロな構造に対する視点を持っていることが前提となる。長い目で見て、英語がどのように身についていくのかという視点である。マクロな視点は、自ずと長期的視点でもある。

　中学でも高校でも、教科書の各レッスンに入っているターゲットグラマーを中心に指導する習慣がついている。したがって、文法についてのイメージが細切れになっている。たとえば、平叙文、疑問文、受動態などといったかなり細かい文法事項で教師の頭が整理されている。形容詞による修飾、前置詞句によ

る修飾，to 不定詞による修飾といった整理になっていて，これらに関連の深い「語順」といった大まかな文法的側面から整理されていないことが多い。

　取り敢えずは，細かな個々の規則の根底に，もっと大まかな英語の基本的な性質が潜んでいることを意識すべきだろう。

　そして，中学で習ったことは，中学が終わるまでに定着していることはあまりない。中学で習ったことを定着させ，使えるようにするのは高校の仕事だという意識を高校側がしっかり持つことである。

　日本の英語教育の成果については，長い間厳しい批判を受けている。その中には妥当性を欠くものも多く含まれているが，効果を上げることができるのに然るべき努力を払っていないという部分があるとしたなら，それは長期的視点に立った指導が不十分である，という点ではないかとわれわれは思う。

7.1.6. 与える「教育」から学習のサポートへ

　明治時代に学制が始まって以来，教育とは国が国民に「知識を授けること」であった。そして，国があまねく国民に知識を授けてこなかったそれ以前の状況から脱したことは評価できる。つまり，授ける教育も十分に大きな役割を果たしてきたと言える。

　教材がそう簡単に手に入らなかった時代，学校や教師が教材の供給源であった。教師が教材そのものであった時代である。だからどうしても，何を与えるかに興味が集中し，与えたモノがどのように受け取られ，どの程度どの時期に定着しているのかを注意して見てこなかった，という時代的な経緯がある。

　しかし，学制施行から150年近く経て，知識を授ける部分については，教科書その他の教材，ICTなどの利用など，社会の知識環境が大きく変わってきた。そのため，教育の知識伝達的側面は以前よりずっと薄らいできている。それに代わって，伝えられた知識が，受け取った側の中で，どのように育っていくかを見守り手伝うことに，教育の役割がシフトしてきている。これからはどのように身についていくかを理解した上で，どのように学習をサポートするかを考える時代にきていると思う。

　まず学習を理解すること，そして，教えたからすぐ理解できる，使えるというわけではないという常識を，いつも忘れないでいることも大切な「心構え」ということになろう。

7.2. カリキュラムはどうあるべきか

7.2.1. 長期的視野で考える

　長期的視野，マクロ的視点に関連して言うと，カリキュラムについて多く考えるべき事柄がありそうである。学校の中に限定したとしても，変えるべきことがある。

　従来，年間指導計画などを作ることは作っていたはずである。しかし，多くの場合，非常に形式的なものであって，レッスンを「いつ」「いくつ」教えるといった指導ペースの概要にすぎない場合が多い。そして，一度作成された年間指導計画は，校長室の金庫にしまわれて二度と日の目を見ることがない場合などもあり得る。

　ここでの提案は，もっと具体的に長期的な計画を立てることである。しかも，年間だけではなく，3年間を通じたカリキュラムの大枠を作ることである。各レッスンでのターゲットグラマーを教科書通り扱っていくだけでは，指導しているとは言い難い。

　個々のターゲットグラマーの根底にある性質を意識した指導も大切である。この本のテーマのように，語順の把握，それに必要な名詞句の把握，といったいくつかのターゲットグラマー全てに関連するような，大まかな（したがって，それだけ抽象度の高い）文法への視点を持つべきだろう。

　語順であれば，疑問文，否定文といったものを一つ一つ教えていく中で，ある程度導入が済んだところで，英語の語順について少し生徒の頭を整理するような説明を行う。

　修飾で言えば，分詞による後置修飾が出てきたときに，それまでに出てきた後置修飾（たとえば，前置詞句，to 不定詞など）を思い出させる。

　時制で言えば，過去形が導入された段階で現在形との対比をさせる。等々，細かいルールの元になる性質を整理したり，少し練習させたりすることが大切である。

　そして，マクロな文法がどの時点で，どれほど定着していれば良いかを考えたカリキュラムが必要である。金谷編（1994）では，すでにどのタイミングでそれまで学んだことを整理できるか，当時の *NEW HORIZON ENGLISH COURSE*（東京書籍）を例に，作成してある。参考にしていただきたい。

7.2.2. 学習指導要領の作り方

　長期的視点とマクロ構造への視点が大切なのは，各学校の指導計画に限ったことではない。国の方針である学習指導要領についても言える。

　すでに学習指導要領には，繰り返しで定着を図るという長期的視点とマクロ構造への視点は，ある程度は含まれてきている。

　平成20年公示の中学校学習指導要領の中では，同じマクロ構造に関連する事項を学んだところで整理を行う，ということは明記されている。

　「英語の特質を理解させるために，関連ある文法事項はまとまりをもって整理するなど，効果的な指導ができるように工夫すること」

（言語材料の取り扱いエ）

　将来的にはもっと踏み込んで，国の方針も生徒の学習の現実に即した，そして「定着（習得）」を視野に入れた長期的な展望に立った学習指導要領に切り替えていく必要がある。学習指導要領の作り方自体について，大きな改変が必要なのである。現在までの学習指導要領は，定着ということをあまり扱っていない。（ただし，繰り返して定着を期すといった一般的な方向性は，だいぶ前から含まれてはいる）

　今後はもっと，定着の要素を全面に押し出すことが必要になる。中1で導入した事項が中2ではどの程度身につくことをめざすのか，中学卒業までに同じ事項がどうなっていることが望ましいのか。逆に，中学時代では十分な定着は難しいとされる事項はどんなものなのか。それらを高校で受けてどのようなペースで身につけさせるのか，などといった視点が学習指導要領の中に組み込まれなければ，現実的な学習指導の指針とはなり得ない。

　中学英語指導を高校英語指導がどう受け継ぐのかといった点が学習指導要領に書き込まれて，やっと「中高連携」がシステムの上で実現するのである。現在は，中高連携より小中連携が脚光（？）を浴びているが，それ以前から長い間唱えられ続けている中高連携が実績を上げ得なかったのは，連携が専ら個々の教師の努力に求められていて，カリキュラムや指導の大綱に織り込まれていなかったからである。

7.2.3. 行動中心の評価法との接点？

　導入された事項が，いつの時点でどの程度定着したかを，学習指導要領に書き込む必要性を説いた。こうした話は，実は現在声高に叫ばれている CAN-DO リストの作成を思わせるような発想である。

　しかし，Billy's Test でテストされていることは，文法の習得ということであり，CAN-DO リストの発想とはその内容において大きく異なっている。この両者の関係をここで少し明らかにしておくことが，教育上の示唆を論じるにあたり必要だと思う。

　Billy's Test の発想は，英語という言語の習得を基盤としている。それに対して，文科省を中心として現在推進されている CAN-DO リストの方は，言語生活（言語行動）を基盤としている。つまり，Billy's Test では名詞句把握，後置修飾といった言語システムの定着を見ているが，CAN-DO リストの方は，自己紹介ができる，簡単なショッピングができるといったように，言語を使った行動を基準に，それらができるか，できないかをリストにしようとしている。

　どちらが必要でどちらが不必要ということではない。この二つの違いは，可能性と実効性の違いだろう。言語のある部分が身につくと，それを使ってある言語行動ができる（あるいは，し易くなる）。Billy's Test で追求している英語の文法の定着（習得）は，言語生活上の活動が成功する可能性を高めるものである。

　生徒にとっては，言語生活上の活動を基盤とした CAN-DO リストがわかりやすいかもしれない。しかし，生徒を can do 状態へと導く教師側にとっては，文法の習得を絶えずモニターすることが肝要である。

7.3. 反省点と今後の展望

7.3.1. 一般動詞を使ったら

　本書は，3次9年に渡る研究結果の報告であるが，この9年の間，主に be 動詞構文のみで名詞句の把握を見てきた。しかし，一般動詞について見た場合はどうなるだろう。やってみる価値はあるだろう。

　動詞の意味内容によって，結果がずっと良くなる可能性もあろう。しかし，この場合，少なくとも二つのことが問題になる。

第一に、動詞による著しい差が観察されるかもしれない。be 動詞は一つしかないので、選択に困ることはないが、無数にある一般動詞はテストに採用する動詞によってテスト結果に大きな差をもたらし、名詞句把握の現状を理解するときに、どのような解釈をするのが適切かの判断に困ることが考えられる。
　第二に、上記第一の問題点とも関連するが、一般動詞の場合、be 動詞に比べてその意味内容がはっきりしているので、構造の理解に基づかず、意味からの推測で正解を出す生徒が、be 動詞の場合より多くなる可能性が高い。本書でも紹介したように、中学生は意味から推測して構造理解に至ることが典型的にある。このプロジェクトで追求したのは、名詞句という構造を把握することである。一般動詞を使った場合、構造把握ができているのかどうかを確認することが、be 動詞より難しくなると予想される。

7.3.2. 関係詞などを含めたら

　一般動詞か be 動詞かは、多分にテスト技術的な問題である。しかし、英語の習得という本質論からチャレンジしなければならない事柄がある。それは、分詞や関係詞による後置修飾までを含んだ場合の名詞句把握を調べることである。
　これらを含んでテストを実施した場合、正解率はどのようになるだろうか。おそらく、正解率は大幅にダウンすることになろう。意味理解を含んだ真の正解率で言うと、卒業時の名詞句理解度は30％ほどである。ここからどのくらいダウンするだろうか。おそらく10％近くまで落ち込むのではないだろうか。

7.3.3. そして高校へ

　分詞や関係詞による後置修飾は、中学の後半で導入されるものである。これらの習得については、中学在学中よりも高校に入ってからどのように展開するかが大切である。
　この意味で、Billy's Test を高校生にも実施し、中学卒業後の名詞句把握がどのように変化していくのかを見ていく必要がある。現在のところ、高校生に Billy's Test を実施した研究は一つのみである（Arakaki, 2010）。第1章にも述べたように、英語習得という長時間に渡る過程を調べるには、中学の3年間を見ただけでは十分と言うにはほど遠い。最低でも高校の3年間を含めて研究しなければ、本当の姿は捉えることができないだろう。

また，名詞句把握以外についても調べて行く必要は当然ある。以上のようにこれからも多くの研究を必要とする。われわれも研究は続けるが，読者の多くが学習研究を進めていかれることを強くお勧めする。英語学習についての知見が積み重ねられ，それが共有されることによって，英語教育の更なる効率化が進むことを期待したい。

7.3.4. 一般化できるか

ここに報告した3校におけるデータは，多少の違いはあるものの，ほぼ同じような形態を示した。これによって，中学生の名詞句把握については一般的な傾向として捉えられたような印象をわれわれは持っていた。

しかし，必ずしも一般性が高いとは言い切れないようなデータも挙がってきている。現在（2015年7月），横浜市の公立中学二校でBilly's Testが行われている。今のところ第5回まで実施された。それによると，本書で報告した結果よりもかなり良い結果が出ている。

今のところは，横浜市立の二つの中学校の生徒さんたちの名詞句把握度合いは，thisの次にbe動詞を入れてしまうなど同じ傾向は見られるものの，正解率を上回る不正解選択という，これまで得たデータでは特徴的に見られた現象がほとんど見られていない。また，生徒が誰も選択しない選択肢は，9年間のデータでは後半のテスト回から出現しているが，横浜では第1回目から0選択肢が登場している。

原因はこれからの研究に待つことになるが，指導法の違いによる可能性もある。もしそうだとするなら，指導への大きな指針になるだろう。今後の推移を期待したい。

あ と が き

　この10年間，さまざまな方のお力添えでこの本の上梓に至ることができた。ここに心より感謝の意を表したい。
　まず，何と言っても3年間に渡り8回のテスト実施をお引き受けいただいた3校の先生方，第1次調査にご協力いただいた鈴木博貴先生，第2次調査の青木ひかり先生，黒澤直子先生，勅使河原尚美先生に感謝申し上げたい。そして何よりも，テストを受け続けて下さった生徒さん方に感謝申し上げる。言うまでもなく，この3校の先生方と生徒さん方のご協力がなければ，この研究は実現しなかった。
　また，最初の『定着重視の英語テスト法』を生み出したプロジェクトチームの皆様にも感謝したい。何と言っても本書の原点と言えるものである。とりわけ，プロジェクト後，52歳の若さでこの世を去られた吉原博之さんに本書の完成をお伝えし，もう一度謝意を捧げたい。
　また，3校目の研究からいっしょに研究を続けてきた勝田亜紀子さんにもこの場を借りてお礼を申し述べたい。お仕事が超多忙になってしまい，途中で研究会への参加を断念されたが，Billy's Test の作成に多大な貢献をされた。
　本書の出版をお引き受けいただいた北口社長以下三省堂の皆様，とりわけ直接編集の労をお取り下さった英語教科書編集部の八木優子さんにお礼申し上げたい。
　研究はさらに続いて行く。最後にもう一度，生徒の英語学習についての実証的研究の必要性と，それに基づいた教育体制の確立を訴えたい。

2015年7月
金谷　憲

引用文献

英語文献

Abrahamsson, N. (2003). A longitudinal study of Chinese-Swedish interphonology. *Studies in Second Language Acquisition*, 25, 313–349.

Arakaki, S. (2010). *High School Students' Comprehension of Noun Phrase Structures*. Unpublished Bachelor's Thesis. Tokyo Gakugei University.

Brown, R. (1973). *A First Language*. Cambridge, MA: Harvard University Press.

Brown, J. D. & Rodgers, T. S. (2002). *Doing Second Language Research*. Oxford: Oxford University Press.

Corder, S. P. (1967). The significance of learners' errors. *International Review of Applied Linguistics*, 5, 161–169.

Corder, S. P. (1974). Error analysis. In J. P. B. Allen and S. P. Corder (eds.). *The Edinburgh Course in Applied Linguistics Volume 3*. London: Oxford University Press.

Dulay, H. C. & Burt, M. K. (1974). Natural sequences in child second language acquisition. *Language Learning*, 24, 37–53.

Ferris, D. (2002). *Treatment of Errors in Second Language Writing*. Ann Arbor: University of Michigan Press.

Foster, P. & Skehan, P. (1996). The influence of planning and task type on second language performance. *Studies in Second Language Acquisition*, 18, 299–323.

Izumi, E., Uchimoto, K. & Isahara, H. (2004). SST speech corpus of Japanese learners' English and automatic detection of learners' errors. *ICAME Journal*, 28, 31–48.

James, C. (1998). *Errors in Language Learning and Use*. London: Longman.

Krashen, S. (1981). *Second Language Acquisition and Second Language Learning*. Oxford: Pergamon.

Kwon, E. (2005). The "natural order" of morpheme acquisition: A historical survey and discussion of three putative determinants. *Teachers College, Columbia University Working Papers in TESOL & Applied Linguistics*, 5, 1–21.

Leech, G. (1983). *Principles of Pragmatics*. London: Longman.
Pienemann, M. (1984). Is language teachable?: Psycholinguistic experiments and hypothesis. *Applied Linguistics*, 10, 52-79.
Saunders, N. (1987). Morphophonemic variations in clusters in Japanese English. *Language Learning*, 37, 247-272.
Selinker, L. (1972). Interlanguage. *International Review of Applied Linguistics*, 10, 209-231.
Selinker, L. & Rutherford, W. E. (1992). *Rediscovering Interlanguage*. London: Routledge.
Tsuge, K. (2013). *Why Is It Difficult for Japanese EFL Learners to Identify English Noun Phrases?-Investigating the Strategies That Successful/Unsuccessful Learners Use Based on a Verbal Protocol Analysis-*, Unpublished MA Thesis, Dokkyo University.

日本語文献
ウェブ，ジェイムズ・H・M. (2006).『日本人に共通する英語のミス151 [増補改訂版]』ジャパンタイムズ．
太田洋・金谷憲・小菅敦子・日臺滋之（2003）.『英語力はどのように伸びてゆくか ―中学生の英語習得過程を追う』大修館書店．
大谷泰照（1999）.「学習者の母語と英語との間の言語的距離と欧米による植民地経験の有無」『日本経済新聞』9月12日．
金谷憲編著（1994）.『定着重視の英語テスト法 ―長期的視野に立った中学校英語評価』河源社．（桐原書店発売）
金谷憲・英語診断テスト開発グループ（2006）.『英語診断テスト開発への道 ―ELPA「英語診断テスト」プロジェクトの軌跡』英語運用能力評価協会．

口頭発表
木村恵・金谷憲（2006）.「中学生によるNoun Phrase理解過程の経年変化 ―誤り分析―」第32回 全国英語教育学会 高知研究大会．
森本智（2004）.「関係詞節を含む構造の把握とL2英語の学習到達度」第30回 全国英語教育学会 長野研究大会．

本調査に関わる論文・学会発表

木村恵・金谷憲 (2006).「英語の句構造に対する日本人中学生の理解度調査:「導入」から「定着」までの時差を特定する試み」関東甲信越英語教育学会紀要, 20, 101-112.

木村恵・金谷憲 (2006).「中学生による Noun Phrase 理解過程の経年変化 —誤り分析—」第32回 全国英語教育学会 高知研究大会.

木村恵・金谷憲・小林美音 (2009).「中学生の英語名詞句構造の理解過程:縦断的調査による実態把握」第33回 関東甲信越英語教育学会 埼玉研究大会.

木村恵・金谷憲・小林美音 (2009).「日本人中学生の英語名詞句構造の理解過程 —縦断的調査による実態把握と判別力の検証—」関東甲信越英語教育学会紀要, 24, 61-72.

羽山恵・金谷憲・小林美音 (2010).「中学生の英語名詞句構造の把握に関する横断的調査」第34回 関東甲信越英語教育学会 つくば研究大会.

勝田亜紀子・告かおり・金谷憲・贄田悠・羽山恵・小林美音 (2011).「Billy's Test の試み:日本人中学生による英語名詞句把握の過程調査」. 第35回 関東甲信越英語教育学会 神奈川研究大会.

告かおり・金谷憲・贄田悠・羽山恵・小林美音・勝田亜紀子 (2012).「同一中学生に対する英語名詞句把握の調査:本当に習得は進んでいるのか?」. 第36回 関東甲信越英語教育学会 群馬研究大会.

金谷憲・羽山恵・小林美音・告かおり・贄田悠 (2014).「中学校英語の定着:卒業までに主語把握はどのくらい出来ているか」第40回 全国英語教育学会 徳島研究大会.

巻末資料1
『定着重視のテスト法　長期的視野に立った中学校英語評価』
プロジェクトメンバー

（50音順　勤務先は1994年3月現在）
金谷　憲　　　東京学芸大学
栗原　勝　　　埼玉県立越谷東高等学校
小室俊明　　　二松学舎大学
高島勝也　　　埼玉県北葛飾郡栗橋町立栗橋東中学校
谷口幸夫　　　筑波大学附属駒場中・高等学校
投野由起夫　　東京学芸大学
中野　健　　　佼正学園女子中学校・高等学校
吉原博之　　　埼玉県越谷市立霞ヶ関中学校

1991年度のみ参加
江川澄男　　　埼玉県教育局生涯学習部健康教育課

巻末資料 2

第 2 次調査におけるテスト回，問題形式，名詞句タイプの平均正解率一覧

		形容詞＋HN	疑問詞＋HN	HN＋前	HN＋to
内部構造把握問題	第 1 回	82.5%	90.1%	29.6%	
	第 2 回	84.8%	86.0%	34.5%	
	第 3 回	81.5%	80.2%	47.9%	
	第 4 回	82.6%	87.0%	56.6%	
	第 5 回			64.6%	53.7%
	第 6 回			75.0%	66.7%
	第 7 回			83.9%	64.2%
	第 8 回			83.5%	66.0%
		形容詞＋HN	疑問詞＋HN	HN＋前	HN＋to
まとまり問題	第 1 回	40.6%	33.3%	47.2%	
	第 2 回	42.7%	29.9%	39.6%	
	第 3 回	66.6%	47.5%	20.4%	
	第 4 回	53.4%	44.7%	26.1%	
	第 5 回	21.7%	46.0%	17.6%	16.1%
	第 6 回	21.6%	49.4%	13.0%	9.9%
	第 7 回	37.1%	47.8%	29.1%	28.3%
	第 8 回	41.0%	45.1%	37.0%	27.1%
		形容詞＋HN	疑問詞＋HN	HN＋前	HN＋to
内部＋まとまり問題	第 1 回	66.9%	48.1%	41.0%	
	第 2 回	40.2%	15.2%	75.6%	
	第 3 回	58.3%	19.1%	57.4%	
	第 4 回	48.0%	28.0%	52.2%	
	第 5 回	67.1%	18.6%	50.3%	45.3%
	第 6 回	82.1%	24.1%	64.8%	54.9%
	第 7 回	32.7%	34.6%	56.6%	59.1%
	第 8 回	62.5%	33.3%	69.7%	51.4%

注 1) 内部構造問題における「形容詞＋HN」「疑問詞＋HN」については，問題数の関係で第 5 回テスト以降は出題しなかったため，空欄となっている。

注 2)「HN＋to 不定詞」の第 1 回～第 4 回テストは，不定詞が未習であったため出題しておらず，空欄となっている。

1年___組___番 名前_____

☆ Billy's Test ☆ [その1]

1 次の文でもっとも適切な場所に（ ）の語を入れて英文を完成させ、その記号を○で囲みなさい。

例題： I ＿ fine ＿ today.　**(am)**
　　　　ア　　①　イ

(1) This ＿ picture ＿ very ＿ beautiful.　**(is)**
　　　ア　　　　イ　　　　ウ

(2) This ＿ chair ＿ in ＿ my ＿ room.　**(is)**
　　　ア　　　イ　　ウ　　エ

(3) Which ＿ singer ＿ popular ＿ in ＿ China?　**(is)**
　　　　ア　　　　イ　　　　ウ　　エ

(4) Which ＿ song ＿ in ＿ your ＿ i-pod?　**(is)**
　　　　ア　　　イ　　ウ　　　エ

(5) The ＿ new ＿ DVD ＿ about ＿ Kyoto ＿ interesting.　**(is)**
　　　ア　　　イ　　　ウ　　　エ

(6) The ＿ old ＿ book ＿ about ＿ Hokkaido ＿ on ＿ the ＿ table.　**(is)**
　　　ア　　イ　　　ウ　　　エ　　　　　オ

意味を書いているときに左の答えがちがうと思ったら「赤ペン」で直してね！

2 ①で作った英文の日本語の意味を____に書きなさい。また、答えたときのあなたの気持ちにもっとも近いものを選び、そのマークを○で囲みなさい。

・自信あるよ！＝ ☺
・たぶんね…＝ 😐
・さっぱり分からん！＝ ☹

例題：☆ fine = 元気な
　　　私は今日元気です。

(1) ☆ picture = 写真　☆ beautiful = 美しい

(2) ☆ chair = イス　☆ room = 部屋

(3) ☆ singer = 歌手　☆ popular = 人気がある　☆ China = 中国

(4) ☆ song = 歌　☆ i-pod はそのまま書く

(5) ☆ new = 新しい　☆ DVD はそのまま書く　☆ Kyoto = 京都　☆ interesting = おもしろい
　　☆ about = ～について

(6) ☆ old = 古い　☆ book = 本　☆ Hokkaido = 北海道　☆ table = テーブル

☆ Billy's Test ☆ 【その2】

1年___組___番 名前_____

1 次の文でもっとも適切な場所に（　）の語を入れて英文を完成させ、その記号を○で囲みなさい。

2 1で作った英文の日本語の意味を[......]に書きなさい。また、答えたときのあなたの気持ちにもっとも近いものを選び、そのマークを○で囲みなさい。

・自信あるよ！ ＝ ☺
・たぶんね… ＝ 😐
・さっぱり分からん！ ＝ ☹

(7) Which Chinese song famous in Japan? **(is)**
　　　　ア　　　　イ　　ウ　　エ　　　　オ

(8) Which pink shirt in the box? **(is)**
　　　　ア　　　イ　　ウ　エ　　オ

(9) This tall man my brother. **(is)**
　　　ア　　イ　　ウ　　エ

(10) This red pen on the desk. **(is)**
　　　ア　　イ　　ウ　エ　　オ

(11) The big stadium in our city nice. **(is)**
　　　　ア　　イ　　ウ　エ　　オ

(12) The small cat of my sister on the car. **(is)**
　　　　ア　　イ　　ウ　　エ　　　　　オ

(7) ✿Chinese ＝ 中国の　✿song ＝ 歌　✿famous ＝ 有名な

(8) ✿pink ＝ ピンクの　✿shirt ＝ シャツ　✿box ＝ 箱

(9) ✿tall ＝ 背の高い　✿man ＝ 男性

(10) ✿red ＝ 赤い　✿desk ＝ 机

(11) ✿big ＝ 大きな　✿stadium ＝ スタジアム　✿city ＝ 市　✿nice ＝ よい

(12) ✿small ＝ 小さな　✿cat ＝ ネコ　✿car ＝ 車

☆ 第 2 回 Billy's Test ☆ 　[その1]

1年 ___ 組 ___ 番 名前 ___

1 次の文でもっとも適切な場所に（　）の語を入れて英文を完成させ、その記号を〇で囲みなさい。

例題： I 　ア　 fine 　イ　 today. **(am)**

(1) Which girl your sister? **(is)**
　　　　ア　　イ　　ウ

(2) This question difficult for me. **(is)**
　　ア　　　イ　　　　ウ

(3) The old festival in Saitama wonderful. **(is)**
　ア　　イ　　　ウ　　　　　エ

(4) The new picture of Mary on the table. **(is)**
　ア　　イ　　　ウ　　　エ　　オ

(5) Which school in the mountain? **(is)**
　　　ア　　イ　　ウ

(6) This video about a Chinese singer. **(is)**
　　ア　　イ　　ウ

意味を書いているときに左の答えがわからなかったり、思ったら「赤ペン」で直してね！

2 ①で作った英文の日本語の意味を□□に書きなさい。また、日本語の意味を答えたときのあなたの気持ちにもっとも近いものを選び、そのマークを〇で囲みなさい。

・自信あるよ！ ＝ ☺
・たぶんね… ＝ 😐
・さっぱり分からん！ ＝ ☹

例題： ✿ fine = 元気な　✿ sister = 妹

| 私は今日元気です。 | ☺ 😐 ☹ |

(1) ✿ girl = 女の子　✿ sister = 妹

☺ 😐 ☹

(2) ✿ question = 問題　✿ difficult = 難しい

☺ 😐 ☹

(3) ✿ old = 古い　✿ festival = 祭り　✿ Saitama = 埼玉　✿ wonderful = すばらしい

☺ 😐 ☹

(4) ✿ new = 新しい　✿ picture = 絵　✿ Mary = メアリー　✿ table = テーブル

☺ 😐 ☹

(5) ✿ school = 学校　✿ mountain = 山

☺ 😐 ☹

(6) ✿ video = ビデオ　✿ Chinese = 中国人の　✿ singer = 歌手

☺ 😐 ☹

★ 第 2 回 Billy's Test ★ 【その2】

1年＿組＿番 名前＿＿＿＿＿＿＿

1 次の文でもっとも適切な場所に( )の語を入れて英文を完成させ、その記号をОで囲みなさい。

(7) The big park in our city beautiful. **(is)**
　　　ア　　イ　　ウ　　エ

(8) Which old book about Singapore? **(is)**
　　　ア　　イ　　ウ　　エ

(9) This blue shirt very long. **(is)**
　　ア　　イ　　ウ　　エ

(10) The yellow bike of my brother in the box. **(is)**
　　　ア　　　イ　　ウ　　エ　　　オ

(11) Which Japanese food popular in America? **(is)**
　　　ア　　　イ　　ウ　　エ　　オ

(12) This new computer for our school. **(is)**
　　ア　　イ　　ウ　　エ

意味を書いているときに左の答えがわかってきっと「赤ペン」で囲んでね！

2 1で作った英文の日本語の意味を [　　] に書きなさい。また、日本語の意味を答えたときのあなたの気持ちにもっとも近いものを選び、そのマークをОで囲みなさい。

- 自信あるよ！ = ☺
- たぶんね… = 😐
- さっぱり分からん！ = ☹

(7) ✿big = 大きい　✿park = 公園　✿our = 私たちの　✿city = 市　✿beautiful = 美しい
☺　😐　☹

(8) ✿old = 古い　✿book = 本　✿about = ～について　✿Singapore = シンガポール
☺　😐　☹

(9) ✿blue = 青い　✿shirt = シャツ　✿long = 長い
☺　😐　☹

(10) ✿yellow = 黄色い　✿bike = 自転車　✿brother = 兄　✿box = 箱
☺　😐　☹

(11) ✿Japanese = 日本の　✿food = 食べ物　✿popular = 人気がある　✿America = アメリカ
☺　😐　☹

(12) ✿new = 新しい　✿computer = コンピュータ　✿our = 私たちの　✿school = 学校
☺　😐　☹

☆ 第 3 回 Billy's Test ☆ [その1]

2年　　組　　番　名前

1 次の文でもっとも適切な場所に( )の語を入れて英文を完成させ、その記号を○で囲みなさい。

例題： I ① fine ② today. **(am)**
　　　　　ア　　　イ

(1) Which ① boy ② your ③ brother? **(is)**
　　　　　　　ア　　　イ　　ウ

(2) This ① window ② very ③ clean. **(is)**
　　　　　　ア　　　　イ　　ウ

(3) The ① new ② train ③ to ④ Kyoto ⑤ fast. **(is)**
　　　　ア　　　イ　　ウ　　エ

(4) The ① blue ② cap ③ for ④ John ⑤ in ⑥ the ⑦ box. **(is)**
　　　　ア　　イ　　ウ　　エ　　オ

(5) Which ① book ② in ③ the ④ library? **(is)**
　　　　　　ア　　イ　　ウ

(6) This ① letter ② from ③ Grandma. **(is)**
　　　　　ア　　　イ　　　ウ

(7) This ① small ② black ③ cat ④ very ⑤ cute. **(is)**
　　　　ア　　　イ　　　ウ　　エ　　オ

意味を書いているときに左の答えながらと思ったら「赤ペン」で書いてね！

2 1 で作った英文の日本語の意味を [　　] に書きなさい。また、意味を答えたときのあなたの気持ちにもっとも近いものを選び、そのマークを○で囲みなさい。

- 自信あるよ！ ＝ ☺
- たぶんね… ＝ 😐
- さっぱり分からん！ ＝ ☹

例題： ✿ fine = 元気な　☺ 😐 ☹
私は今日元気です。

(1) ✿boy = 男の子　✿brother = 弟
[　　　　　　　　　　　　] ☺ 😐 ☹

(2) ✿window = 窓　✿clean = きれい
[　　　　　　　　　　　　] ☺ 😐 ☹

(3) ✿new = 新しい　✿train = 電車　✿Kyoto = 京都　✿fast = 速い
[　　　　　　　　　　　　] ☺ 😐 ☹

(4) ✿blue = 青い　✿cap = 帽子　✿box = 箱
[　　　　　　　　　　　　] ☺ 😐 ☹

(5) ✿book = 本　✿library = 図書館
[　　　　　　　　　　　　] ☺ 😐 ☹

(6) ✿letter = 手紙　✿Grandma = おばあちゃん
[　　　　　　　　　　　　] ☺ 😐 ☹

(7) ✿small = 小さい　✿black = 黒い　✿cat = ネコ　✿cute = かわいい
[　　　　　　　　　　　　] ☺ 😐 ☹

★ 第 3 回 Billy's Test ★ 【その2】

2年 ___組 ___番 名前_____

 大吉っ

1 次の文でもっとも適切な場所に（　）の語を入れて英文を完成させ、その記号を〇で囲みなさい。

(8) The beautiful mountain in your city famous. **(is)**
　　　　　　ア　　　イ　　　ウ　　　エ

(9) Which black coat for winter? **(is)**
　　　ア　　　イ　　　ウ　　　エ

(10) This big cake very good. **(is)**
　　　ア　　　イ　　　ウ　　　エ

(11) The new uniform of my sister on the table. **(is)**
　　　ア　　　イ　　　ウ　　　エ　　　オ

(12) Which Chinese song your favorite? **(is)**
　　　ア　　　イ　　　ウ　　　エ

(13) This long letter from my cousin. **(is)**
　　　ア　　　イ　　　ウ　　　エ

(14) This small yellow sweater for my brother. **(is)**
　　　ア　　　イ　　　ウ　　　エ　　　オ

2 ①で作った英文の日本語の意味を　　　　に書きなさい。また、日本語の意味を答えたときのあなたの気持ちにもっとも近いものを選び、そのマークを〇で囲みなさい。

　・自信あるよ！＝ ☺
｛・たぶんね…＝ 😐
　・さっぱり分からん！＝ ☹

(8) ✿beautiful = 美しい　✿mountain = 山　✿city = 市　✿famous = 有名な

　　　　　　　　　　　　　　　　　　　　　　　☺　😐　☹

(9) ✿black = 黒い　✿coat = コート　✿winter = 冬

　　　　　　　　　　　　　　　　　　　　　　　☺　😐　☹

(10) ✿big = 大きい　✿cake = ケーキ　✿good = おいしい

　　　　　　　　　　　　　　　　　　　　　　　☺　😐　☹

(11) ✿new = 新しい　✿uniform = ユニフォーム　✿sister = 妹　✿table = テーブル

　　　　　　　　　　　　　　　　　　　　　　　☺　😐　☹

(12) ✿Chinese = 中国の　✿song = 歌　✿favorite = お気に入り

　　　　　　　　　　　　　　　　　　　　　　　☺　😐　☹

(13) ✿long = 長い　✿letter = 手紙　✿cousin = いとこ

　　　　　　　　　　　　　　　　　　　　　　　☺　😐　☹

(14) ✿small = 小さい　✿yellow = 黄色い　✿sweater = セーター　✿brother = 弟

　　　　　　　　　　　　　　　　　　　　　　　☺　😐　☹

第4回 Billy's Test [その1]

2年 ___組 ___番 名前_____

① 次の文でもっとも適切な場所に( )の語を入れて英文を完成させ、その記号を〇で囲みなさい。

例題: I fine today. **(am)**
   ⑦   ①

(1) Which building their school? **(is)**
    ア   イ   ウ

(2) This computer very old. **(is)**
    ア   イ   ウ

(3) The pretty girl with Tom my sister. **(is)**
    ア   イ   ウ   エ

(4) The big kangaroo from Australia in the zoo. **(is)**
    ア   イ   ウ   エ

(5) Which mountain in your city? **(is)**
    ア   イ   ウ

(6) This book about my uncle. **(is)**
    ア   イ   ウ

(7) This new red sweater very cute. **(is)**
    ア   イ   ウ   エ   オ

意味を書いているときに左の答えがちがうと思ったら「赤ペンで直してね！」

② ①で作った英文の日本語の意味を　　　に書きなさい。また、意味を答えたときのあなたの気持ちにもっとも近いものを選び、そのマークを〇で囲みなさい。

例題: ☆ fine = 元気な

今日私は元気です。

・自信あるよ！ = ☺
・たぶんね... = 😐
・さっぱり分からん！ = ☹

(1) ☆ building = 建物 ☆ their = 彼らの ☆ school = 学校

_____ ☺ 😐 ☹

(2) ☆ computer = コンピュータ ☆ old = 古い

_____ ☺ 😐 ☹

(3) ☆ pretty = かわいい ☆ girl = 女の子 ☆ with = ～と一緒にいる ☆ sister = 妹

_____ ☺ 😐 ☹

(4) ☆ big = 大きい ☆ kangaroo = カンガルー ☆ Australia = オーストラリア ☆ zoo = 動物園

_____ ☺ 😐 ☹

(5) ☆ mountain = 山 ☆ city = 市

_____ ☺ 😐 ☹

(6) ☆ book = 本 ☆ about = ～について ☆ uncle = おじさん

_____ ☺ 😐 ☹

(7) ☆ new = 新しい ☆ red = 赤い ☆ sweater = セーター ☆ cute = かわいい

_____ ☺ 😐 ☹

全体運 ★

第4回 Billy's Test 【その2】

2年　組　番　名前

1 次の文でもっとも適切な場所に（　）の語を入れて英文を完成させ、その記号を○で囲みなさい。

(8) The　big　room　in　my　house　clean. **(is)**
　　　ア　　　イ　　ウ　　　　エ

(9) Which　American　girl　in　your　classroom? **(is)**
　　　　ア　　　　イ　　ウ　　エ

(10) This　Japanese　artist　popular　here. **(is)**
　　　　ア　　　　イ　　　ウ　　　エ

(11) The　yellow　flower　in　his　hand　for　my　father. **(is)**
　　　　ア　　　イ　　ウ　　エ　　オ

(12) Which　Korean　movie　his　favorite? **(is)**
　　　　ア　　　イ　　ウ　　エ

(13) This　small　cat　from　my　grandfather. **(is)**
　　　ア　　　イ　　ウ　　エ

(14) This　new　pink　shirt　for　the　party. **(is)**
　　　ア　　イ　　ウ　　エ　　オ

健康運 ★★★

意味を書いているときに左の答えがちがうと思ったら「赤ペン」で直してね！

2 ①で作った英文の日本語の意味を[　]に書きなさい。また、日本語の意味を答えたときのあなたの気持ちにもっとも近いものを選び、そのマークを○で囲みなさい。

　・自信あるよ！　＝　☺
　・たぶんね…　＝　😐
　・さっぱり分からん！　＝　☹

(8) ✿big＝大きい　✿room＝部屋　✿house＝家　✿clean＝きれい

[　　　　　　　　　]　☺　😐　☹

(9) ✿American＝アメリカ人の　✿girl＝女の子　✿classroom＝教室

[　　　　　　　　　]　☺　😐　☹

(10) ✿Japanese＝日本人の　✿artist＝画家　✿popular＝人気がある　✿here＝ここで

[　　　　　　　　　]　☺　😐　☹

(11) ✿yellow＝黄色い　✿flower＝花　✿his＝彼の　✿hand＝手　✿father＝お父さん

[　　　　　　　　　]　☺　😐　☹

(12) ✿Korean＝韓国の　✿movie＝映画　✿his＝彼の　✿favorite＝お気に入り

[　　　　　　　　　]　☺　😐　☹

(13) ✿small＝小さい　✿cat＝ネコ　✿grandfather＝おじいちゃん

[　　　　　　　　　]　☺　😐　☹

(14) ✿new＝新しい　✿pink＝ピンク色の　✿shirt＝シャツ　✿party＝パーティー

[　　　　　　　　　]　☺　😐　☹

第 5 回 Billy's Test 【その1】

2年___組___番 名前_____

1 次の文でもっとも適切な場所に( )の語を入れて英文を完成させ、その記号を〇で囲みなさい。

(1) The notebook to practice *kanji* on the desk. **(is)**
    ア イ ウ エ オ

(2) This old blue cap too big for me. **(is)**
    ア イ ウ エ オ

(3) The new DVD about Kyoto interesting. **(is)**
    ア イ ウ エ オ

(4) The old book about Hokkaido on the table. **(is)**
    ア イ ウ エ オ

(5) Which song in your i-pod? **(is)**
    ア イ ウ エ オ

(6) This chair in my room. **(is)**
    ア イ ウ エ オ

(7) The park to play baseball very large. **(is)**
    ア イ ウ エ オ

(8) This picture very beautiful. **(is)**
    ア イ ウ エ オ

(9) Which singer popular in China? **(is)**
    ア イ ウ エ オ

意味を書いているときに左の答えがちがうと思ったら「赤ペン」で直してね！

2 1で作った英文の日本語の意味を[   ]に書きなさい。また、意味を答えたときのあなたの気持ちにもっとも近いものを選び、そのマークを〇で囲みなさい。

(1) ✿notebook＝ノート ✿practice＝練習する ✿*kanji*＝漢字 ✿desk＝机

(2) ✿old＝古い ✿blue＝青い ✿cap＝帽子 ✿big＝大きい

(3) ✿new＝新しい ✿DVD はそのまま書く ✿Kyoto＝京都 ✿interesting＝おもしろい ✿about＝〜について

(4) ✿old＝古い ✿book＝本 ✿Hokkaido＝北海道 ✿table＝テーブル

(5) ✿song＝歌 ✿i-pod はそのまま書く

(6) ✿chair＝イス ✿room＝部屋

(7) ✿park＝公園 ✿baseball＝野球 ✿large＝大きい

(8) ✿picture＝写真 ✿beautiful＝美しい

(9) ✿singer＝歌手 ✿China＝中国 ✿popular＝人気がある

第 5 回 Billy's Test [その 2]

2年＿組＿番 名前＿＿＿＿＿＿

1 次の文でもっとも適切な場所に（ ）の語を入れて英文を完成させ、その記号を○で囲みなさい。

(10) The big stadium in our city nice. **(is)**
　　　　ア　　イ　　ウ　　エ

(11) The green skirt to wear tonight very cute. **(is)**
　　　　ア　　イ　　ウ　　エ　　オ

(12) This tall man my brother. **(is)**
　　　ア　イ　ウ　エ

(13) The new bike to ride tomorrow for my grandfather. **(is)**
　　　　ア　　イ　　ウ　　エ　　オ

(14) Which Chinese song famous in Japan? **(is)**
　　　　ア　　イ　　ウ　　エ

(15) This red pen on the desk. **(is)**
　　　ア　イ　ウ　エ

(16) This nice big present for my uncle. **(is)**
　　　ア　イ　ウ　エ　オ

(17) Which pink shirt in the box? **(is)**
　　　　ア　　イ　　ウ　　エ

(18) The small cat of my sister on the car. **(is)**
　　　　ア　　イ　　ウ　　エ　　オ

興味を書いているときに左の答えがちがうと思ったら「赤ペン」で直してね！

2 ①で作った英文の日本語の興味を □ に書きなさい。また、興味を答えたときのあなたの気持ちにもっとも近いものを選び、そのマークを○で囲みなさい。

(10) ✿big = 大きな ✿stadium = スタジアム ✿city = 市 ✿nice = よい

(11) ✿green=みどりの ✿skirt=スカート ✿wear=着る (はく) ✿tonight=今夜 ✿cute=かわいい

(12) ✿tall = 背の高い ✿man = 男性

(13) ✿new = 新しい ✿bike = 自転車 ✿ride = 乗る ✿tomorrow=明日 ✿grandfather = おじいちゃん

(14) ✿Chinese = 中国の ✿song = 歌 ✿famous = 有名な

(15) ✿red = 赤い ✿desk = 机 ✿pen = ペン

(16) ✿nice = すてきな ✿big = 大きな ✿present = プレゼント ✿uncle = おじ

(17) ✿pink = ピンクの ✿shirt = シャツ ✿box = 箱

(18) ✿small = 小さな ✿cat = ネコ ✿car = 車

第6回 Billy's Test 【その1】

3年___組___番 名前_____

1 次の文でもっとも適切な場所に( )の語を入れて英文を完成させ、その記号をOで囲みなさい。

(1) The　glass　to　drink　milk　on　the　table.　**(is)**
　　　　ア　　イ　　　ウ　　　エ　　オ

(2) This　tall　young　man　my　father.　**(is)**
　　　ア　　イ　　ウ　　エ　　オ

(3) The　big　car　to　bring　water　in　the　park.　**(is)**
　　　ア　　イ　　ウ　　エ　　　　　　オ

(4) The　new　picture　of　Mary　on　the　table.　**(is)**
　　　ア　　イ　　　ウ　　　　エ　　　　オ

(5) Which　old　book　about　Singapore?　**(is)**
　　　ア　　イ　　ウ　　エ

(6) This　video　about　a　Chinese　singer.　**(is)**
　　　ア　　イ　　　ウ　　エ

(7) The　fish　to　make　sushi　very　fresh.　**(is)**
　　　ア　　イ　　ウ　　エ　　オ

(8) This　question　difficult　for　me.　**(is)**
　　　ア　　イ　　　ウ　　エ

(9) Which　girl　your　sister?　**(is)**
　　　ア　　イ　　ウ

意味を書いているときに適切な場所に左の語の中から入ると思ったら「赤ペン」で囲してね！

　　　　　　　　　　　　　　　　　　　　全体運
　　　　　　　　　　　　　　　　　　　　★

2 ①で作った英文の日本語の意味を[　　]に書きなさい。また、意味を答えたときのあなたの気持ちにもっとも近いものを選び、そのマークをOで囲みなさい。

(1) ✿glass＝グラス　✿drink＝飲む　✿milk＝牛乳　✿table＝テーブル

[　　　　　　　　　　　　　　　　]　😊 😐 🙁

(2) ✿tall＝背の高い　✿young＝若い　✿man＝男性　✿my＝私の　✿father＝お父さん

[　　　　　　　　　　　　　　　　]　😊 😐 🙁

(3) ✿big＝大きい　✿car＝車　✿bring＝運ぶ　✿water＝水　✿park＝公園

[　　　　　　　　　　　　　　　　]　😊 😐 🙁

(4) ✿new＝新しい　✿picture＝絵　✿Mary＝メアリー　✿table＝テーブル

[　　　　　　　　　　　　　　　　]　😊 😐 🙁

(5) ✿old＝古い　✿book＝本　✿about＝〜について　✿Singapore＝シンガポール

[　　　　　　　　　　　　　　　　]　😊 😐 🙁

(6) ✿video＝ビデオ　✿Chinese＝中国人の　✿singer＝歌手

[　　　　　　　　　　　　　　　　]　😊 😐 🙁

(7) ✿fish＝魚　✿make＝作る　✿sushi＝すし　✿fresh＝新鮮な

[　　　　　　　　　　　　　　　　]　😊 😐 🙁

(8) ✿question＝問題　✿difficult＝難しい

[　　　　　　　　　　　　　　　　]　😊 😐 🙁

(9) ✿girl＝女の子　✿sister＝妹

[　　　　　　　　　　　　　　　　]　😊 😐 🙁

第 6 回 Billy's Test [その2]

3年＿＿組＿＿番 名前＿＿＿＿＿＿＿＿＿＿

① 次の文でもっとも適切な場所に（ ）の語を入れて英文を完成させ、その記号を〇で囲みなさい。

(10) The big park in our city beautiful. **(is)**
　　　　ア　　イ　　ウ　　エ

(11) The new project to help people very exciting. **(is)**
　　　　ア　　イ　　ウ　　エ　　オ

(12) This blue shirt very long. **(is)**
　　　　ア　　イ　　ウ　　エ

(13) The old festival in Saitama wonderful. **(is)**
　　　　ア　　イ　　ウ　　エ

(14) Which Japanese food popular in America? **(is)**
　　　　ア　　イ　　ウ　　エ

(15) This new computer for our school. **(is)**
　　　　ア　　イ　　ウ　　エ

(16) This big green T-shirt from my mother. **(is)**
　　　　ア　　イ　　ウ　　エ　　オ

(17) Which school in the mountain? **(is)**
　　　　ア　　イ　　ウ　　エ

(18) The yellow bike of my brother in the box. **(is)**
　　　　ア　　イ　　ウ　　エ　　オ

意味を書いているときに王の答えがちがうと思ったら「赤ペン」で直してね！

② ①で作った英文の日本語の意味を［　　］に書きなさい。また、意味を答えたときのあなたの気持ちにもっとも近いものを選び、そのマークを〇で囲みなさい。

(10) ✿big = 大きい　✿park = 公園　✿our = 私たちの　✿city = 市　✿beautiful = 美しい
　　［　　　　　　　　　　　　　　　　　　　　　　　　　　　　　　　　　］　(^_^) (・_・) (>_<)

(11) ✿new = 新しい　✿project = 計画　✿help = 助ける　✿people = 人々　✿exciting = わくわくさせる
　　［　　　　　　　　　　　　　　　　　　　　　　　　　　　　　　　　　］　(^_^) (・_・) (>_<)

(12) ✿blue = 青い　✿shirt = シャツ　✿long = 長い
　　［　　　　　　　　　　　　　　　　　　　　　　　　　　　　　　　　　］　(^_^) (・_・) (>_<)

(13) ✿old = 古い　✿festival = 祭り　✿Saitama = 埼玉　✿wonderful = すばらしい
　　［　　　　　　　　　　　　　　　　　　　　　　　　　　　　　　　　　］　(^_^) (・_・) (>_<)

(14) ✿Japanese = 日本の　✿food = 食べ物　✿popular = 人気がある　✿America = アメリカ
　　［　　　　　　　　　　　　　　　　　　　　　　　　　　　　　　　　　］　(^_^) (・_・) (>_<)

(15) ✿new = 新しい　✿computer = コンピュータ　✿our = 私たちの　✿school = 学校
　　［　　　　　　　　　　　　　　　　　　　　　　　　　　　　　　　　　］　(^_^) (・_・) (>_<)

(16) ✿big = 大きな　✿green = みどりの　✿T-shirt = Tシャツ　✿my = 私の　✿mother = お母さん
　　［　　　　　　　　　　　　　　　　　　　　　　　　　　　　　　　　　］　(^_^) (・_・) (>_<)

(17) ✿school = 学校　✿mountain = 山
　　［　　　　　　　　　　　　　　　　　　　　　　　　　　　　　　　　　］　(^_^) (・_・) (>_<)

(18) ✿yellow = 黄色い　✿bike = 自転車　✿brother = 兄　✿box = 箱
　　［　　　　　　　　　　　　　　　　　　　　　　　　　　　　　　　　　］　(^_^) (・_・) (>_<)

第 7 回 Billy's Test 【その1】

3年　組　番　名前 _____

① 次の文でもっとも適切な場所に ( ) の語を入れて英文を完成させ、その記号を○で囲みなさい。

(1) The car to buy tomorrow in that store. **(is)**
　　　　ア　　イ　　　ウ　　　　エ　　　オ

(2) This small black cat very cute. **(is)**
　　　　ア　　イ　　　ウ　　エ　　オ

(3) The old book to read tonight on the desk. **(is)**
　　　　ア　　イ　　　ウ　　　エ　　　オ

(4) The blue cap for John in the box. **(is)**
　　　　ア　　イ　　　ウ　　エ　　オ

(5) Which black coat for winter? **(is)**
　　　ア　　イ　　　ウ　　エ

(6) This letter from Grandma. **(is)**
　　　　ア　　イ　　　ウ　　エ

(7) The train to arrive next very late. **(is)**
　　　　ア　　イ　　　ウ　　エ　　オ

(8) This window very clean. **(is)**
　　　　ア　　イ　　　ウ　　エ

(9) Which boy your brother? **(is)**
　　　ア　　イ　　　ウ

※第5、6回テストではveryが入っていたため、選択肢5つ。

意味を書いているときに左の答えがちらっと思ったら「赤ペン」で囲んでね！

② ①で作った英文の日本語の意味を [　] に書きなさい。また、意味を答えたときのあなたの気持ちにもっとも近いものを選び、そのマークを○で囲みなさい。

☆car = 車　☆buy = 買う　☆tomorrow = 明日　☆store = 店

(1) [　　　　　　　　　　　　　　　　　] 😊 😐 ☹

☆small = 小さい　☆black = 黒い　☆cat = ネコ　☆cute = かわいい

(2) [　　　　　　　　　　　　　　　　　] 😊 😐 ☹

☆old = 古い　☆book = 本　☆read = 読む　☆tonight = 今夜　☆desk = 机

(3) [　　　　　　　　　　　　　　　　　] 😊 😐 ☹

☆blue = 青い　☆cap = 帽子　☆box = 箱

(4) [　　　　　　　　　　　　　　　　　] 😊 😐 ☹

☆black = 黒い　☆coat = コート　☆winter = 冬

(5) [　　　　　　　　　　　　　　　　　] 😊 😐 ☹

☆letter = 手紙　☆Grandma = おばあちゃん

(6) [　　　　　　　　　　　　　　　　　] 😊 😐 ☹

☆train = 電車　☆arrive = 到着する　☆next = 次に　☆late = 遅い

(7) [　　　　　　　　　　　　　　　　　] 😊 😐 ☹

☆window = 窓　☆clean = きれい

(8) [　　　　　　　　　　　　　　　　　] 😊 😐 ☹

☆boy = 男の子　☆brother = 弟

(9) [　　　　　　　　　　　　　　　　　] 😊 😐 ☹

全体運 ★

第7回 Billy's Test [その2]

3年＿組＿番 名前＿＿＿＿＿＿＿＿

1 次の文でもっとも適切な場所に( )の語を入れて英文を完成させ、その記号を○で囲みなさい。

(10) The beautiful mountain in your city famous. **(is)**
　　　　ア　　　　イ　　　ウ　　　エ

(11) The best dress to wear today blue. **(is)**
　　　ア　　　イ　　ウ　　　エ

(12) This big cake very good. **(is)**
　　ア　　イ　　ウ　　エ

(13) The new train to Kyoto fast. **(is)**
　　ア　　イ　　ウ　　エ

(14) Which Chinese song your favorite? **(is)**
　　　ア　　　イ　　ウ　　エ

(15) This long letter from my cousin. **(is)**
　　ア　　イ　　ウ　　エ

(16) This small yellow sweater for my brother. **(is)**
　　ア　　イ　　　ウ　　　エ

(17) Which book in the library? **(is)**
　　　ア　　イ　ウ　　エ

(18) The new uniform of my sister on the table. **(is)**
　　ア　　イ　　　ウ　　　エ　　オ

2 1 で作った英文の日本語の意味を ▢ に書きなさい。また、意味を答えたときのあなたの気持ちにもっとも近いものを選び、そのマークを○で囲みなさい。意味を書いているときに左の答えがわからないと思ったら「赤ペン」で囲んでね！

全体運

☆beautiful = 美しい　☆mountain = 山　☆city = 市　☆famous = 有名な

(10) ▢　😀 🙂 😐 ☹️ 😢

☆best = 最もふさわしい　☆dress = ドレス　☆wear = 着る　☆today = 今日　☆blue = 青い

(11) ▢　😀 🙂 😐 ☹️ 😢

☆big = 大きい　☆cake = ケーキ　☆good = おいしい

(12) ▢　😀 🙂 😐 ☹️ 😢

☆new = 新しい　☆train = 電車　☆Kyoto = 京都　☆fast = 速い

(13) ▢　😀 🙂 😐 ☹️ 😢

☆Chinese = 中国の　☆song = 歌　☆favorite = お気に入り

(14) ▢　😀 🙂 😐 ☹️ 😢

☆long = 長い　☆letter = 手紙　☆cousin = いとこ

(15) ▢　😀 🙂 😐 ☹️ 😢

☆small = 小さい　☆yellow = 黄色い　☆sweater = セーター　☆brother = 弟

(16) ▢　😀 🙂 😐 ☹️ 😢

☆book = 本　☆library = 図書館

(17) ▢　😀 🙂 😐 ☹️ 😢

☆new = 新しい　☆uniform = ユニフォーム　☆sister = 妹　☆table = テーブル

(18) ▢　😀 🙂 😐 ☹️ 😢

第 8 回 Billy's Test [その1]

3年 ___ 組 ___ 番 名前 ___

1 次の文でもっとも適切な場所に( )の語を入れて英文を完成させ、その記号を○で囲みなさい。

(1) The notebook to practice kanji on the desk. **(is)**
  ア　　イ　　　ウ　　　エ　　オ

(2) This old blue cap too big for me. **(is)**
  ア　イ　ウ　エ　　オ

(3) The new DVD about Kyoto interesting. **(is)**
  ア　イ　ウ　エ

(4) The old book about Hokkaido on the table. **(is)**
  ア　イ　ウ　　エ

(5) Which song in your i-pod? **(is)**
  ア　イ　ウ

(6) This chair in my room. **(is)**
  ア　イ　ウ

(7) The park to play baseball very large. **(is)**
  ア　イ　ウ　エ　オ

(8) This picture very beautiful. **(is)**
  ア　イ　ウ

(9) Which singer popular in China? **(is)**
  ア　イ　ウ

健康運 ★★★★

意味を書いているときに左の答えがちっと思ったら「赤ペン」で直してね！

2 ①で作った英文の日本語の意味を [　　] に書きなさい。また、意味を答えたときのあなたの気持ちにもっとも近いものを選び、そのマークを○で囲みなさい。

(1) [　　　　　　　　　　　　　　　]　😊 😐 ☹
　✿notebook＝ノート　✿practice＝練習する　✿kanji＝漢字　✿desk＝机

(2) [　　　　　　　　　　　　　　　]　😊 😐 ☹
　✿old＝古い　✿blue＝青い　✿cap＝帽子　✿big＝大きい

(3) [　　　　　　　　　　　　　　　]　😊 😐 ☹
　✿new＝新しい　✿DVD はそのまま書く　✿Kyoto＝京都　✿interesting＝おもしろい
　✿about＝〜について

(4) [　　　　　　　　　　　　　　　]　😊 😐 ☹
　✿old＝古い　✿book＝本　✿Hokkaido＝北海道　✿table＝テーブル

(5) [　　　　　　　　　　　　　　　]　😊 😐 ☹
　✿song＝歌　✿i-pod はそのまま書く

(6) [　　　　　　　　　　　　　　　]　😊 😐 ☹
　✿chair＝イス　✿room＝部屋

(7) [　　　　　　　　　　　　　　　]　😊 😐 ☹
　✿park＝公園　✿baseball＝野球　✿large＝大きい

(8) [　　　　　　　　　　　　　　　]　😊 😐 ☹
　✿picture＝写真　✿beautiful＝美しい

(9) [　　　　　　　　　　　　　　　]　😊 😐 ☹
　✿singer＝歌手　✿China＝中国

第 8 回 Billy's Test [その 2]

3年___組___番 名前_____

1 次の文でもっとも適切な場所に( )の語句を入れて英文を完成させ、その記号を○で囲みなさい。

(10) The big stadium in our city nice. **(is)**
　　　　ア　　　イ　　　ウ　　　エ

(11) The green skirt to wear tonight very cute. **(is)**
　　　　ア　　　イ　　　ウ　　　エ　　　オ

(12) This tall man my brother. **(is)**
　　　ア　　イ　　ウ　　エ

(13) The new bike to ride tomorrow for my grandfather. **(is)**
　　　ア　　イ　　ウ　　エ　　オ

(14) Which Chinese song famous in Japan? **(is)**
　　　　ア　　　イ　　　ウ　　　エ　　オ

(15) This red pen on the desk. **(is)**
　　　ア　　イ　　ウ　　エ

(16) This nice big present for my uncle. **(is)**
　　　ア　　イ　　ウ　　エ　　オ

(17) Which pink shirt in the box? **(is)**
　　　　ア　　　イ　　　ウ　　エ

(18) The small cat of my sister on the car. **(is)**
　　　　ア　　　イ　　ウ　　　エ　　　オ

意味を書いているときに左の日本語の答えがちがうと思ったら「赤ペン」で直してね！

2 ①で使った英文の日本語の意味を [   ] に書きなさい。また、意味を答えたときのあなたの気持ちにもっとも近いものを選び、そのマークを○で囲みなさい。

(10) ✿big = 大きな　✿stadium = スタジアム　✿city = 市　✿nice = よい
[   ]
(^^) (^_^) (・_・) (>_<)

(11) ✿green = みどりの　✿skirt = スカート　✿wear = 着る(ぼく)　✿tonight = 今夜　✿cute = かわいい
[   ]
(^^) (^_^) (・_・) (>_<)

(12) ✿tall = 背の高い　✿man = 男性
[   ]
(^^) (^_^) (・_・) (>_<)

(13) ✿new = 新しい　✿bike = 自転車　✿ride = 乗る　✿tomorrow = 明日　✿grandfather = おじいちゃん
[   ]
(^^) (^_^) (・_・) (>_<)

(14) ✿Chinese = 中国の　✿song = 歌　✿famous = 有名な
[   ]
(^^) (^_^) (・_・) (>_<)

(15) ✿red = 赤い　✿pen = ペン　✿desk = 机
[   ]
(^^) (^_^) (・_・) (>_<)

(16) ✿nice = すてきな　✿big = 大きな　✿present = プレゼント　✿uncle = おじ
[   ]
(^^) (^_^) (・_・) (>_<)

(17) ✿pink = ピンクの　✿shirt = シャツ　✿box = 箱
[   ]
(^^) (^_^) (・_・) (>_<)

(18) ✿small = 小さな　✿cat = ネコ　✿car = 車
[   ]
(^^) (^_^) (・_・) (>_<)

恋愛運 ★★★

巻末資料4

第3次調査において，全テストを受験した34名の生徒の正解率推移

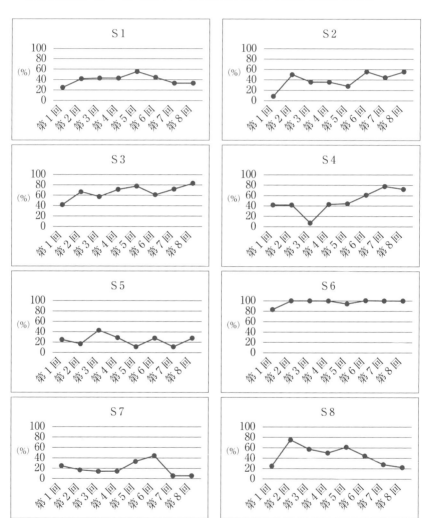

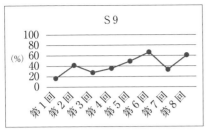
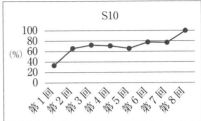
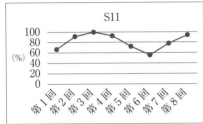
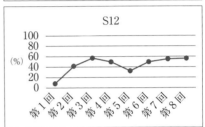
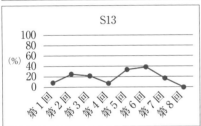
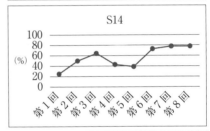
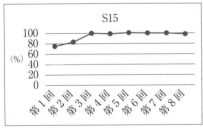
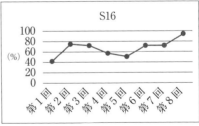
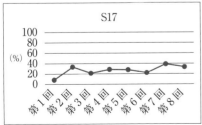
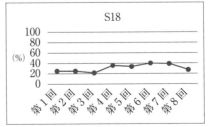

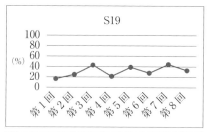
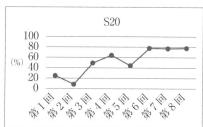
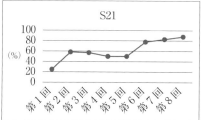
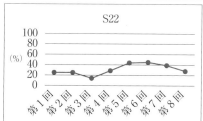
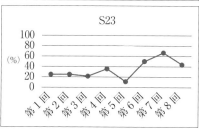
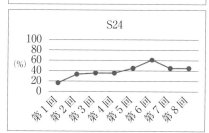
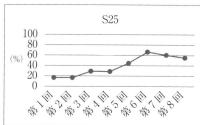
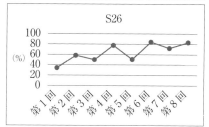
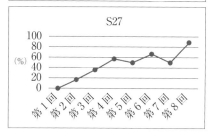
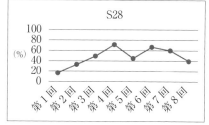

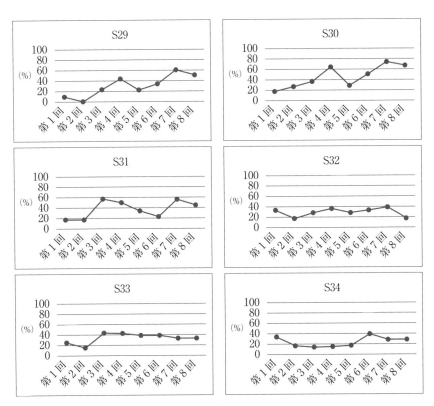

注1) グラフ内の「S番号」は生徒のIDを指す。
注2) 縦軸は正解率を示している。

著者略歴

金谷 憲
東京大学大学院人文科学研究科修士課程，教育学研究科博士課程及び米国スタンフォード大学博士課程を経て（単位取得退学），32年間，東京学芸大学で教鞭を執る。現在はフリーの英語教育コンサルタントとして，学校，都道府県その他の機関に対してサポートを行っている。専門は英語教育学。研究テーマは，中学生の句把握の経年変化，高校英語授業モデル開発など。全国英語教育学会会長，中教審の外国語専門部会委員などを歴任。1986年より3年間NHK「テレビ英語会話Ⅰ」講師，1994年から2年間NHKラジオ「基礎英語2」監修者。著書に，『英語授業改善のための処方箋』（2002，大修館書店），『和訳先渡し授業の試み』（2004，三省堂），『英語教育熱』（2008，研究社），『教科書だけで大学入試は突破できる』（2009，大修館），『高校英語授業を変える！』（2011，アルク），『高校英語教科書を2度使う！』（2012．アルク），『高校英語教育を整理する！』（2013，アルク）など。

小林 美音
国際基督教大学教養学部，東京学芸大学教育学研究科教育実践創成専攻修了。埼玉県公立中学校英語科教諭として20年間教鞭を執る。平成16年度埼玉県長期研修教員（東京学芸大学にて研修）。埼玉県教育局指導主事，管理主事を経て，現在は埼玉県所沢市立美原中学校教頭。関東甲信越英語教育学会理事。

告 かおり
獨協大学大学院外国語学研究科前期博士課程修了。日本学園中学校・高等学校教諭を経て，現在は十文字中学・高等学校教諭。関東甲信越英語教育学会，全国英語教育学会会員。

贄田 悠
青山学院大学文学部英米文学科卒業。埼玉県飯能市，坂戸市の小中学校を経て，現在は坂戸市立城山中学校教諭。平成21年度埼玉県長期研修教員（東京学芸大学にて研修）。関東甲信越英語教育学会会員。

著者略歴

羽山 恵

東京学芸大学大学院教育学研究科修士課程（教育学修士），英国ランカスター大学大学院言語学コース修士課程（MA in Linguistics）及び東京学芸大学大学院連合学校教育研究科博士課程（教育学博士）を修了。立教大学講師を経て，現在は獨協大学外国語学部准教授。研究テーマは，学習者コーパスを用いた第2言語習得過程の観察，習得を困難にする語彙特性の解明，中学生の句把握の経年変化など。全国英語教育学会事務局（研究企画担当），関東甲信越英語教育学会理事。共著に，『英語教育評価論』（2003，河源社），『文献からみる第二言語習得研究』（2005，開拓社），『英語診断テスト開発への道』（2006，英語運用能力評価協会），『日本人中高生一万人の英語コーパス』（2007，小学館），『現場型リサーチと実践へのアプローチ』（2008，桐原書店），『英語教育の「なぜ」に答える』（2009，学校図書），『英語学習者コーパス活用ハンドブック』（2013，大修館書店）など。

執筆分担一覧

金谷 憲	第1章	第7章	
小林 美音	第3章3.2	第3章3.3	第6章6.5
告 かおり	第5章5.2	第5章5.3	第5章5.4
	第6章6.1	第6章6.2	第6章6.3
贄田 悠	第5章5.1	第5章5.5	第6章6.4
羽山 恵	本書へのガイド	第2章	第3章3.1
	第3章3.4	第4章	

金谷　憲	東京学芸大学名誉教授
小林　美音	埼玉県所沢市立美原中学校教頭
告　かおり	十文字中学・高等学校教諭
贄田　悠	埼玉県坂戸市立城山中学校教諭
羽山　恵	獨協大学准教授

装丁／坂井正規（志岐デザイン事務所）
DTP組版／亜細亜印刷株式会社

中学英語いつ卒業？
中学生の主語把握プロセス

2015年8月3日　第1刷発行

著　者	金谷憲・小林美音・告かおり・贄田悠・羽山恵
発行者	株式会社　三省堂
	代表者　北口克彦
印刷者	三省堂印刷株式会社
発行所	株式会社　三省堂
	〒101-8371
	東京都千代田区三崎町二丁目22番14号
	電話（編集）03-3230-9411（営業）03-3230-9412
	振替口座　00160-5-54300
	http://www.sanseido.co.jp/

©Kanatani Ken 2015　　　　　　　　　〈中学英語いつ卒業・176pp.〉
Printed in Japan
ISBN978-4-385-36212-0
落丁本・乱丁本はお取替えいたします。

> Ⓡ本書を無断で複写複製することは，著作権法上の例外を除き，禁じられています。本書をコピーされる場合は，事前に日本複製権センター（03-3401-2382）の許諾を受けてください。また，本書を請負業者等の第三者に依頼してスキャン等によってデジタル化することは，たとえ個人や家庭内での利用であっても一切認められておりません。